MĄDROŚĆ

V stopień (etap II)
część 1

Ta książka nauczy Cię
tworzyć emocjonalną wolę

Dimitri Wereszczagin

MĄDROŚĆ

System dalszego rozwoju energoinformacyjnego

V stopień (etap II)

część 1

KOS

Wydawnictwo KOS

KATOWICE 2008

Tytuł oryginału:
Мудрость: Система навыков дальнейшего энергоинформайионного развития, V ступень, второй этап, часть 1

Tłumaczenie z języka rosyjskiego: **Alina Skoneczna**

Projekt okładki: **Marek Ciesielczyk**

Korekta: **Mariusz Grygierczyk**

Typografia i łamanie: **Ryszard Liebich – Wydawnictwo KOS**

W nowym podręczniku szkoły DEIR autor uczy, jak kierować swoimi emocjami i tworzyć emocjonalne znaczenia.

Cały rozwój ludzkości – to rozwój układu takich znaczeń – w racjonalny schemat świata wpisują się tylko zabarwione emocjonalnie przedmioty i zjawiska. Dzięki emocjonalnym znacznościom myśl nabiera siły, za którą postępuje twórcze działanie.

Właśnie dlatego prawdą jest, że wszystko, co nowe, powstaje dzięki tworzeniu emocjonalnych znaczeń wewnątrz siebie i dzięki przeniesieniu ich na zewnątrz.

Techniki pracy z emocjonalnymi gradientami, opanowanie taktyki i strategii przeniesienia i rozmieszczenia znaczności emocjonalnych dają nam szansę na zrobienie następnego kroku na drodze dalszego energoinformacyjnego rozwoju – by stać się twórcą realności.

ISBN 978-83-60528-60-0

Wydawnictwo KOS
ul. Agnieszki 13
40-110 Katowice
tel./faks (032) 258-40-45, (032) 258-27-20, (032) 254-02-73
tel. (032) 258-26-48
e-mail: kos@kos.com.pl
http://www.kos.com.pl

Druk i oprawa: TRIADAPRESS, 40-322 Katowice, ul. Wandy 16 k, tel. (032) 2541-790
e-mail: biuro@triadapress.com.pl, piotr.kapa@triadapress.com.pl, www.triadapress.com.pl

POUCZENIE NA DROGĘ

Otwierając tę książkę, uzyskacie możliwość zmiany swego życia przez wejście na nowy poziom ewolucji. Przyniesie ona zrozumienie prawdziwej przyczyny zdrowia, choroby, ludzkich zachowań i kolci losu.

Uwolnicie się od wpływu wielkich pasożytów energoinformacyjnych manipulujących ludźmi i popychających ich ku autodestrukcji. Pamiętajcie, by nie krzywdzić istot znajdujących się na niższym poziomie rozwoju. Okażcie troskliwość, pomóżcie im.

Dla Was stanie się możliwe to, co dla innych, zwykłych ludzi jest nieosiągalne. Nie trwońcie swoich sił, nie marnujcie możliwości w pogoni za marnością tego świata. Przed Wami wielki cel – odkrycie nowego świata i poszukiwanie w nim miejsca dla siebie.

Uzyskacie zdolność uzdrawiania. Wykorzystajcie ten dar w zbożnym celu. Pomagajcie bezinteresownie.

Wasza dusza się wzmocni, będziecie mogli poprowadzić za sobą innych. Przynieście im światło i radość, a nie ciemność i ból.

Nie będziecie już zależni od karmy i chorób karmicznych. Pomóżcie to samo osiągnąć innym ludziom.

Będziecie w posiadaniu prawdziwego narzędzia zmiany świata – wiary. Niech w dobrej sprawie służy nie tylko Wam.

Aby przejść całą drogę, prawdopodobnie będziecie potrzebować pomocy. Szukajcie jej pośród takich jak Wy wędrowców. Spróbujcie rozpoznać się w tłumie, uczcie się wzajemnie od siebie i pamiętajcie o sobie.

Osiągając kolejny stopień rozwoju, staniecie się częścią nowej wspólnoty energetycznej wolnych ludzi. Wspierajcie się nawzajem. Pamiętajcie o sobie, wzmacniajcie się wzajemnie – cena wolności jest wysoka i czasem ponad siły pojedynczego człowieka.

Pamiętajcie o nas, którzy jako pierwsi przeszliśmy do nowego świata. Ogniskujemy dla Was nową wspólnotę energetyczną. Zwracajcie się do nas w trudnych chwilach, a my Wam pomożemy. Nie milczcie też w chwilach pomyślnych, a wtedy będziemy w stanie pomóc milionom innych ludzi. Śmierć nie istnieje. Odpowiemy z tamtej strony.

Spróbujcie odczuć związek ze mną, autorem tych słów. Czekam na to. Proście o pomoc i pomagajcie również mnie.

Dodajcie do światła nowej wspólnoty energetycznej także swoje promienie.

Stwórzcie nową, wolną ludzkość. Zasługujecie na to.

WPROWADZENIE

Tworzyć nowe w sobie i świecie

Dzień dobry, Przyjaciele. Pragnę powitać tych wszystkich, którzy kroczą drogą dalszego energoinformacyjnego rozwoju oraz tych, którzy stawiają na niej dopiero pierwsze kroki. Czy gotowi jesteście do kontynuowania swojej podróży? Jeśli tak, zapraszam do wspólnej wędrówki!

Rozumiem Was, czytelnicy i słuchacze kursów DEIR, że jesteście zmęczeni długim oczekiwaniem na tę właśnie książkę – ujrzała ona światło dzienne trochę później, niż zaplanowaliśmy. Jednak zdajecie sobie sprawę z tego, że w świecie nic nie dzieje się przypadkowo. Wszystko dzieje się dokładnie wtedy, kiedy dziać się powinno. Słowo także powinno zabrzmieć właśnie wtedy, gdy dojrzeją wszystkie niezbędne ku temu warunki. Teraz nastał czas tej książki – właśnie teraz, nie wcześniej i nie później. Przyszedł czas na to, by ją zrozumieć. Proszę zatem o wybaczenie, że musieliście tak długo czekać. Mam nadzieję, że zrozumiecie – istnieją takie realia otaczającego nas świata, z którymi musimy się liczyć.

Moi czytelnicy i słuchacze w pełni opanowali już cztery stopnie systemu DEIR oraz pierwszy etap piątego stopnia. Od tej pory na adres kierownictwa Szkoły DEIR przychodzi mnóstwo listów. Słuchacze i czytelnicy dzielą się swoimi osiągnięciami, zadają pytania na temat zastosowania nabytych sprawności systemu DEIR w konkretnych sytuacjach. Szczególne zainteresowanie wzbudzają różne formy pracy z karmą oraz możliwości wpływania na otaczający świat. Pragnę poinformować, że przygotowywana jest nowa seria podręczników poświęconych zastosowaniu sprawności systemu DEIR w wielu praktycznych aspektach naszego życia – w domu, w pracy, nauce – krótko mówiąc, w sferze socjalnej i uzdrawiającej. To niedaleka przyszłość.

Teraz przed nami opanowanie drugiego etapu piątego stopnia DEIR. Sami zobaczycie, drodzy Czytelnicy, że wszystko, co powinniście poznać, przypomina nowy, nieopanowany przez cywilizację kontynent, a podróż po nim pełna będzie niebywałych, nieoczekiwanych przygód i jednocześnie nowych, nieograniczonych możliwości. Kontynent ten jest niczym biała kartka papieru, na której można namalować dowolny obraz. Przed nami przecież zadanie – odkrycie dotąd nieogarniętej i nieopanowanej przestrzeni naszego życia, nowej realności, a ściślej biorąc – samodzielne stworzenie tej realności!

Już w pierwszej części piątego stopnia zetknęliśmy się z koniecznością poznawania nowego, ponadsocjalnego etapu istnienia człowieka. Wspięliśmy się na poziom Światowych Prądów – tam, gdzie kończy się władza społeczeństwa, a zaczyna się... Otóż to, co tam się zaczyna, zależy już tylko od samego człowieka. Znaleźliśmy się na obszarze, na którym, z punktu widzenia społeczeństwa, w ogóle niczego nie ma – tylko próżnia i pustka! Jednak ta „pustka" żyje. Podlega władzy tego, kto potrafi tworzyć – tworzyć siebie i swoje życie.

W każdym człowieku drzemią twórcze możliwości. Wy też staniecie się twórcami – to jest właśnie celem tej książki – pomóc Wam w kształtowaniu siebie jako twórcy, w kształtowaniu twórczych możliwości. Jeśli tylko zechcecie, otworzy się przed Wami twórczość wyższego rzędu – każdy zdolny jest do stworzenia nowego świata, tworzenia w tym świecie korzystnych warunków życia dla siebie oraz dla tych, którzy za nim podążają. Przed nami program minimum – nauczyć się stwarzać możliwości pójścia tą drogą. Na tym etapie rozwoju to już reguła – wszystko, co robimy, nabiera nowej skali, dlatego gdy zmieniamy (wydawałoby się) tylko swoje życie, w rzeczywistości torujemy drogę, która stanie się własnością innych. Tak, jest to szlak pionierski, a zatem niełatwy. Wszyscy, którzy podążą za nami, będą mieli ułatwione zadanie. A to leży także w naszym interesie – żeby naprzód szli też inni i by było im łatwiej niż nam. Przecież tylko wtedy zmiany, które spowodujemy, oraz nowe możliwości będą trwałe, tylko wtedy powstanie kultura odkrywająca nowe możliwości, tylko wtedy społeczeństwo będzie w stanie żyć pełnowartościowym życiem na nowym poziomie ewolucji – prawdziwe życie możliwe jest tylko wtedy, gdy spotykamy ludzi podobnych do siebie, choćby się to działo rzadko.

Dotknęliśmy nowego poziomu ewolucyjnego i dlatego stanęliśmy przed koniecznością pewnych zmian w otaczającym nas świecie. Zastanówmy się, co jest niezbędne do tego, by realnie móc coś zmienić? Poznanie metod? Tak, ale nie tylko. Aby zmieniać świat, potrzebne są jeszcze dwa bardzo ważne elementy: wewnętrzna siła i odpowiedzialność. I jeszcze: głębia przeniknięcia świata oraz głębia wejrzenia w siebie.

Szczególnie jestem bardzo wdzięczny tym wszystkim, którzy uczestniczyli w tworzeniu tego stopnia DEIR – dokonali w istocie naukowego, bohaterskiego wyczynu. Dlaczego? Ponieważ właśnie na tym stopniu ma miejsce prawdziwe połączenie technik i metod DEIR z sensem i siłą, bez których niemożliwe jest powstanie nowego.

Wszystko, co jest zawarte w tej książce – to prawdziwa magia, to także czary. Stworzenie nowego świata – świata wokół nas – jest zawsze magią. Magia ukryta jest w nas samych.

Na pierwszy rzut oka książka może sprawiać wrażenie trudnej – właśnie dlatego, że proponuje nie tyle opanowanie nowych metod, co badanie takich obszarów, jak kultura, zachowanie, wzajemne relacje ze światem – naturalnie w ich energoinformacyjnych aspektach. Aby opanować te gigantyczne warstwy istnienia, będziemy potrzebować wszystkiego: podstawowych nawyków pracy z energetyką wykorzystywanych do uruchomienia procesów energoinformacyjnych w świecie oraz nawyków pracy z polami znaczeń w celu inicjacji tych procesów, jak również umiejętności logicznego myślenia pod kątem rozpracowania reguł, według których będziemy organizować niezbędne dla nas zmiany.

Jednak nie bój e się tej złożoności – nie zapominajcie, że początki zawsze wydają się trudne. Potem wszystko staje się naturalne – jak powietrze, którym oddychamy.

Aby łatwiej Wam było opanować materiał, książka ma nieco odmienny układ w porównaniu z jej poprzednimi częściami. Każdy rozdział został poprzedzony małym wprowadzeniem, w którym krótko, w sposób uogólniony i uproszczony, przedstawiono treść właściwego rozdziału. W ten sposób zapoznajecie się z treścią rozdziału w pierwszym zbliżeniu, ogólnie go sobie uświadamiacie, a potem możecie już bardziej szczegółowo wszystko rozważyć. Jeśli wszystko zrozumiecie z tego pierwszego, krótkiego opisu, wtedy możecie już zapoznawać się z metodami!

Książka ta jest nieco obszerniejsza niż się może wydawać, gdy oceniamy ją od trony wizualnej. Przykłady są proste, nawet banalne, oparte na prostych zdarzeniach wziętych z życia. Wy jednak potraficie czytać między wierszami. Każdy fakt pociąga za sobą więcej następstw, niż wydaje się to na pierwszy rzut oka. Dojrzycie więcej, jeśli uważnie się przypatrzycie i trochę pomyślicie.

Teraz opuszczamy już wąski, zamknięty świat naszego życia, naszego *ja* i podążamy do Wielkiego Świata, ku Wielkiemu Życiu nie tylko całej ludzkości, ale wręcz całego Wszechświata. Aby wejść w ten Wielki Świat, należy koniecznie wnieść do niego coś nowego, to, czego przed Wami jeszcze tam nie było – inaczej nie uda Wam się tam znaleźć. W przeciwnym razie będzie to niewykonalne! Czy jesteście gotowi do odkrycia w sobie tego, co nowe, i sprawić, by stało się to własnością Nieskończoności? Czy jesteście gotowi do tego, by całą swoją istotą, myślami i emocjami oraz siłą swojej duszy tworzyć nowe w Wielkim Świecie?

Jeśli tak, to czary, magia i twórczość oczekują nas. Powodzenia!

ROZDZIAŁ 1.

DROGA MIĘDZY ŚWIATAMI – W PODRÓŻY DO PSYCHOTYPU TWÓRCY

NOWE SPOJRZENIE NA NASZE OSIĄGNIĘCIA

Zgodnie z obietnicą – rozpoczynamy „ogólnym" rozdziałem, w którym zwięźle zarysujemy całą drogę opisaną w rozdziale szczegółowym.

Czy nie wydaje Wam się, drodzy Czytelnicy, że poruszacie się teraz wąską ścieżką między dwoma światami, balansujecie na granicy zwykłego ludzkiego świata i innego wymiaru?

Nie, nie bujacie w obłokach, ale twardo stąpacie po ziemi i osiągacie to, co chcecie. Jednocześnie jednak tej codziennej zwykłej ludzkiej krzątaninie przyglądacie się jakby z boku, traktujecie ją z dystansem jak człowiek obeznany z inną skalą istnienia. „Jak to dobrze być człowiekiem i żyć na Ziemi!" – myślicie sobie czasem, pamiętając jednocześnie o tym, że „bycie człowiekiem" oznacza tylko jeden z możliwych wariantów, to gra – nic więcej, gra, w którą nie warto nazbyt się angażować. Należy pamiętać, że to tylko gra – przecież prawdziwe życie, prawdziwe istnienie ma miejsce nie tylko tu, ale także tam – w innym wymiarze, do którego przynależność jest stale odczuwalna. Cóż to jest, ten inny wymiar? Uświadomić go sobie w pełni niepodobna, czy nie tak? W tym innym wymiarze nie ma też odczucia ani pełni swobody działania, ani doskonałej orientacji...

Zatem ustalmy wspólnie, na czym stoimy. Przecież nie ma sensu iść dalej, jeśli nie obiera się kierunku, nie ocenia perspektyw dalszej drogi ani własnych rezerw.

Zaczynaliśmy kroczyć drogą dalszego energoinformacyjnego rozwoju w celu uwolnienia się od ograniczeń przeszkadzających w osiągnięciu czegoś więcej w naszym życiu – tego, by było ono bardziej szczęśliwe i różnorodne, żeby poszerzyć granice swego świata na tyle, na ile jest to możliwe. Wszystkie te pragnienia mogły się ziścić wyłącznie wtedy, gdy przeszliśmy na nowy poziom ewolucji – na poziom, który jest niezbędny ludzkości jak powietrze. Aby osiągnąć taki etap rozwoju, należało bardzo wnikliwie, głęboko poznać samych siebie i świat wokół.

Przypominacie sobie – cały nasz trud opanowania metod dalszego energoinformacyjnego rozwoju wyglądał następująco: najpierw badaliśmy fazę, moment drogi, na której się znaleźliśmy, potem dokładnie analizowaliśmy problemy i zadania stojące przed nami, badaliśmy ich naturę, a dopiero później decydowaliśmy, jakie środki przedsięwziąć, aby kroczyć dalej. Teraz zróbmy tak samo.

Na początek **rozpatrzymy drogę, którą już przebyliśmy – jednak spojrzymy na nią z całkowicie innego punktu widzenia.** Takie spojrzenie nie miałoby sensu na początkowych stopniach opanowania DEIR, jednak w wyższym stadium jest jak najbardziej wskazane, ponieważ wiemy już wiele o nas samych i otaczającym nas świecie.

Następnie przejdziemy do **opisania sytuacji, w której znaleźliśmy się wraz z opanowaniem pierwszej fazy piątego stopnia DEIR**. Faza ta umożliwia bezpośrednie oddziaływanie na przypadki („przypadek" – to pojęcie umowne – doskonale wiemy, że żadnych przypadków na tym świecie nie ma i być nie może), wykorzystanie przypadków dla swojego dobra oraz ustalenie, jakie drogi mamy przed sobą: zamknięte czy otwarte.

Dopiero potem **odkryjemy prawidłowości, które pomogą nam w dalszym rozwoju**, we wkroczeniu do otaczającego świata wyższej realności.

Przed nami wiele nowych spraw, będziemy musieli sporo się nauczyć. Nie traćmy więc czasu. Zaczynajmy.

Drodzy Czytelnicy, ponad dwa lata temu zaczęliście stawiać pierwsze kroki w opanowaniu systemu DEIR. Niewątpliwie od tamtej pory w Waszym życiu wiele się zmieniło. Nie chodzi o to, że polepszył się status materialny – to nie jest najważniejsze. Trzeba pamiętać, że dobrobytu nie można utożsamiać ze szczęściem, czasem dobra materialne bywają ciężarem: duże mieszkanie okresowo trzeba sprzątać, pod zepsutym samochodem też czasami przyjdzie poleżeć ze stosownymi narzędziami w rękach itd. Dlatego dobra materialne pojawiają się w naszym życiu w takiej ilości, która jest nam niezbędna – aby nie stały się kamieniem u nogi – i w takiej ilości, w jakiej rzeczywiście tego pragniemy w głębi duszy.

Życie znacznie bardziej zmieniło się pod względem jakościowym – przynosi więcej radości, stało się bardziej atrakcyjne i pociągające – zmieniło się Wasze postrzeganie świata. Zdajecie sobie przecież sprawę z tego, że jeśli otoczycie się rzeczami najdroższymi, pożądanymi przez innych i przyczyniającymi się do podniesienia prestiżu właściciela, a nie zmienicie przy tym postrzegania świata, przedmioty te nie przyniosą żadnej radości, a staną się niepotrzebnym ciężarem. Poprawa jakości życia zawsze wiąże się ze zmianą w postrzeganiu świata. To już macie opanowane!

Osiągnęliście to – dlatego staliście się mądrzejsi, spokojniejsi i polepszyły się Wasze relacje w różnych dziedzinach życia – przecież posiedliście nowe zdolności i możliwości. Postrzegacie teraz świat głębiej i bardziej wnikliwie. Odczuwacie, że poza codzienną rutyną, pospolitymi sprawami istnieją prawidłowości większego rzędu. Czujecie, że Wasza świadomość wyrwała się w obszary nieznane zwykłemu człowiekowi, niezbadane, niemniej jednak porozumiewające się językiem zrozumiałym dla naszych odczuć i duszy.

Jak to się stało, że osiągnęliśmy tak wiele? Dokąd w rezultacie nas to doprowadziło, w jakie sfery przywiodło, w jakich znaleźliśmy się wymiarach? Wydawało się, że postawiliśmy sobie proste, zwykłe, powszednie, pospolite cele: zyskać ochronę, powodzenie, umiejętność wpływania na ludzi i zdarzenia, siłę... Gdzie w tym wszystkim jest miejsce na inny wymiar?

Aby w tym wszystkim się rozeznać, spójrzmy na przebytą drogę z nieco innej strony – socjoewolucyjnej.

Tak, chcemy, by naszym udziałem stały się zwykłe ludzkie radości, dążymy do szczęścia, spełnienia, do pełnowartościowego życia – po to właśnie wznieśliśmy się o kilka stopni na drodze osobistego rozwoju. Rzecz w tym, że każdy opanowany przez nas stopień ma „dwie strony medalu". Z jednej strony, opanowując go, rozwiązujemy zwykłe życiowe problemy (oczywiście, słowo „zwykłe" odnosi się do problemów człowieka, który potrafi panować nad własną energetyką i kierować nią). Z drugiej zaś, sami też się zmieniamy, buszując w strefach nieznanych człowiekowi, rozwiązując problemy oraz opanowując nawyki w działaniu i nabierając w tym wprawy. Ponieważ się zmieniamy, ewoluujemy, nasze miejsce w świecie też już jest inne.

Rozpatrzmy zatem, w jaki sposób każdy stopień DEIR zmieniał nasze miejsce w świecie.

NA PIERWSZYM STOPNIU, przedstawionym w książce „Wyzwolenie", przede wszystkim uwolniliśmy się od pasożytów energoinformacyjnych. W tym celu uczyliśmy się odczuwania energii i kontrolowania jej, wykorzystywania metody autonormalizacji. Usunęliśmy ze swojego ciała eterycznego wszystkie znajdujące się w nim energoinformacyjne porażenia. Wreszcie zamknęliśmy otoczkę chroniącą nas przed niewidzialnymi mackami energoinformacyjnych pasożytów. Wyzwoliliśmy się – to jakby jedna strona medalu – jeden aspekt pierwszego stopnia DEIR.

Teraz słów kilka o drugiej stronie medalu – o drugim aspekcie. Wolność, którą osiągnęliśmy po przejściu pierwszego stopnia, umożliwiła zerwanie ze stanem zombi narzucanym przez kolektywną nieświadomość. To, co przyjęto nazywać kolektywną nieświadomością, jest właśnie egregorem, czyli pasożytem energoinformacyjnym. Kolektywna nieświadomość wpędza ludzi w stan zombi już od najmłodszych lat.

Przecież życie człowieka jako istoty rozumnej zaczyna się od momentu rozumienia języka, tego systemu znaków, za pomocą którego kontaktujemy się ze światem. Najpierw poznajemy znaczenie słów, potem dowiadujemy się, jak nazywa się dany przedmiot. Potem wchłaniamy z otaczającego nas środowiska kulturowego swego rodzaju „instrukcje" – uczymy się, co robić z danym przedmiotem. Wreszcie zaczynamy nieświadomie otrzymywać energoinformacyjne sygnały od innych ludzi. Sygnały te zawierają schemat jak zachowywać się, reagować właśnie dzisiaj w stosunku do danego przedmiotu czy zjawiska. Oto przykład „rozkazu" kolektywnej nieświadomości: wczoraj do komunistów należało się odnosić z nabożną czcią, a dziś można by ich bez mała pobić.

Okazuje się, że wielu ludzi, z powodu „rozkazu" kolektywnej nieświadomości, zupełnie jednakowo odnosi się do określonego przedmiotu, wykazuje podobne zamiary w stosunku do przejawu tego samego faktu, działa według podobnych schematów i w podobnych warunkach, uznaje nawet swego rodzaju „modę" na takie czy inne zachowania!

Dla kogoś może to nawet być pożyteczne czy wygodne. Przecież taka jedność myśli, uczuć, zachowań powoduje, że świat staje się w pewnym stopniu przewidywalny, co pomaga uniknąć błędów. Taka sytuacja zwalnia także z konieczności myślenia i samodzielnego podejmowania decyzji – po co, jeśli już wcześniej ktoś zdecydował za nas. Są ludzie, którym w ten sposób żyje się lżej – jest to dla nich wygodna sytuacja. Jednak prawdziwie rozwinięta osobowość rozumie zgubne działanie takiego wpływu. Jeśli żyjemy, działamy wciąż według stereotypów, ogólnie przyjętych schematów, nie rozwijamy swej indywidualności. Nie znajdujemy w życiu niczego nowego, ponieważ istniejemy wtedy niczym mechanizmy powtarzające drogę, którą przed nami przeszły tysiące ludzi. Doprowadza to do poczucia bezsensowności istnienia i utraty sensu życia.

Na pierwszym stopniu DEIR stworzyliśmy ochronną otoczkę, dzięki której całkowicie odcięliśmy się od tego obcego, postronnego oddziaływania. Zwróćcie uwagę na fakt, że po raz pierwszy w historii ludzkości odrzuciliśmy prokrustowe łoże egregorów i od tej chwili mogliśmy rozwijać się samodzielnie – zgodnie z założeniami natury.

Co takiego zrobiliśmy? Uwolniliśmy się od ograniczeń własnego rozwoju – ograniczeń, które otrzymaliśmy w spadku po poprzednich pokoleniach. Można to porównać do wyrzucenia starego, ciasnego obuwia wypaczającego nam stopę i mogącego zniekształcić ją bezpowrotnie, jeśli nie pozbędziemy się go w odpowiednim czasie.

Przypomnijcie sobie, ilu ludzi w czasach władzy radzieckiej, pracując w przemyśle obronnym, było dumnych ze swej pracy, choć przecież tworzyli coś strasznego, wykonywali brudną robotę – produkowali broń – nie dla dobra ludzi, ale do ich zniszczenia. Jednak pracownicy przemysłu zbrojeniowego sądzili, że przyczyniają się tym samym do podniesienia prestiżu państwa, że robią coś wielkiego (nawiasem mówiąc za „to coś" dostawali niemałe pieniądze). Nie zastanawiali się nad tym, że są wykorzystywani przez określony egregor, który ograniczał ich świadomość. Potem, w dobie reform, wiele zakładów zbrojeniowych zbankrutowało i ci, którzy pracowali na prestiż państwa, ponieśli życiową klęskę. Egregor wyssał z nich

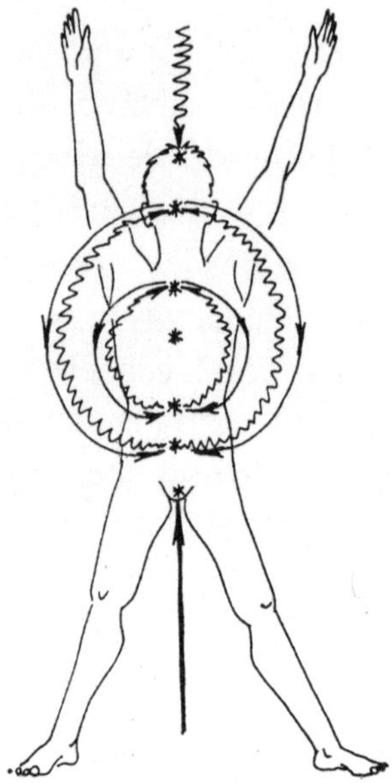

Rys. 1. Dzięki otoczce uwolniliście się od ingerencji zewnętrznej. Energoinformacyjne pasożyty nie mają już nad Wami władzy. Staliście się wolni. Możecie zregenerować swoje zdrowie.

wszystkie soki, po czym odrzucił jako nieprzydatnych, pozostawiając im nędzne emerytury, bez możliwości zmiany życia na lepsze – przecież ludzie ci nic innego nie umieli robić! Jeśli w odpowiednim czasie tacy ludzie potrafiliby zamknąć otoczkę ochronną i odgrodzić się od działania egregoru, następnie zaś wsłuchać się w siebie i poznać swoje prawdziwe pragnienia, z pewnością pojęliby, że do tych pragnień nie zaliczają wyłącznie prestiżu komunistycznego imperium. Zaliczają natomiast wiele innych przyjemnych spraw. Zatem zamykanie takiej otoczki umożliwiłoby wyuczenie się innych zawodów, dzięki którym czas kryzysu można by godnie przeżyć.

Niestety, tamto pokolenie nie miało takich możliwości, jakie my teraz posiadamy. Wiemy, że warto żyć dla własnej duszy, a nie dla układu trawiennego żarłocznego, wciąż nienasyconego pasożyta energoinformacyjnego! Swoje życie pozostawmy sobie i naszym bliskim.

NA DRUGIM STOPNIU, opracowanym w książce „Kształtowanie", opanowaliśmy programy sukcesu, powodzenia, efektywności własnych działań. Dzięki temu mogliśmy zacząć otrzymywać od społeczeństwa to, co jest nam niezbędne. Wtedy przystąpiliśmy do pracy nad normalizacją własnego zdrowia i wykonaliśmy pierwszy krok w kierunku pozbycia się karmy. Długo już kroczymy tą drogą i znacznie posunęliśmy się do przodu! Kiedyś wydawało się to takie trudne, a teraz – jakże łatwo nam wszystko przychodzi... Możemy się pochwalić za konsekwentne podążanie obraną drogą, za wszystkie swoje sukcesy, których mamy – jestem tego pewien – całkiem niemało!

Oczywiście, wszystkie sukcesy mogliśmy osiągnąć wyłącznie dzięki konsekwentnemu i dokładnemu podążaniu za każdym stopniem systemu DEIR. Przecież osiągnięcie wspaniałych technik drugiego stopnia nie byłoby możliwe bez opanowania technik stopnia pierwszego. To przecież właśnie dzięki technikom pierwszego stopnia mogliśmy uwolnić się od energoinformacyjnych pasożytów, by potem realizować programy osobiście przez siebie wybrane, bez ingerencji z zewnątrz – pasożyty energoinformacyjne w naszą świadomość nic już nie mogły zaszczepić. Dzięki temu na drugim stopniu

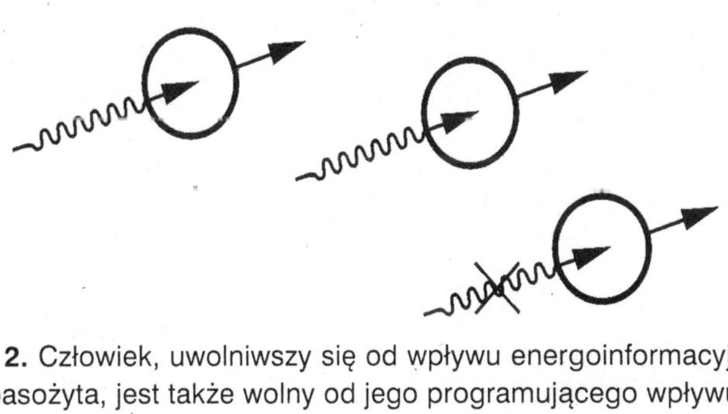

Rys. 2. Człowiek, uwolniwszy się od wpływu energoinformacyjnego pasożyta, jest także wolny od jego programującego wpływu.

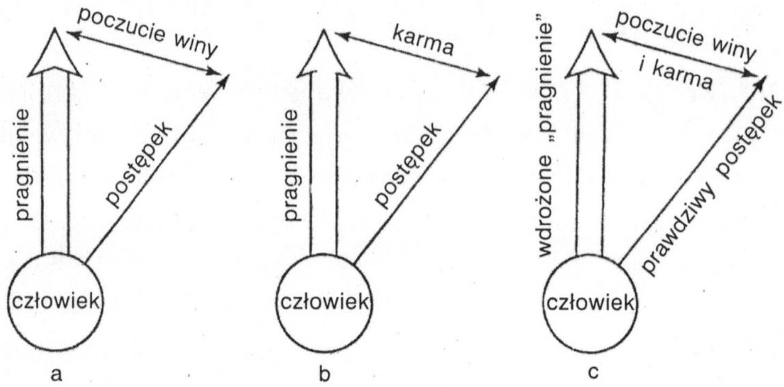

Rys. 3. Poczucie winy. Karma.
a. Niewłaściwa droga – postępek był pierwotny i fałszywy, przeczył pragnieniu i powodował poczucie winy. Program pozostał w duszy.
b. Następstwa programu poczucia winy. Pragnienie było pierwotne i prawdziwe, właściwe, a postępowanie – nie, więc doszło do nieszczęścia.
c. Wpojone, wmówione wyrzeczenie się swoich prawdziwych pragnień – na zasadzie sugestii. Obca moralność powoduje poczucie winy za swoje właściwe postępowanie. Program pozostał w duszy.

zaczęliśmy samodzielnie budować swoje życie, tworzyć coś całkowicie nowego, niezwykłego dla naszego świata.

Podam przykład: większość ludzi w pewnych sprawach tradycyjnie zdaje się na los, na łut szczęścia, żyjąc według powiedzenia: „siedź w kącie, a znajdą cię". My natomiast sami jesteśmy kowalami swego losu, nie zdajemy się na ślepy traf i nie wyznajemy zasady „jakoś to będzie". To „jakoś" powstanie wyłącznie z woli energoinformacyjnego pasożyta, który na pewno zatroszczy się tylko o siebie, urządzi wszystko tak, by to on mógł wyciągnąć z zaistniałej sytuacji jak najwięcej korzyści. Człowiek dla energoinformacyjnego potwora się nie liczy. Nikt z ludzi nie powinien zdawać się na przypadek czy egregor. Każdy z nas wart jest tego, by tworzyć swój los świadomie i samodzielnie. Wszyscy, którzy poznali już, jak to robić i nauczyli się określonych technik, nie mają z tym problemu. Jeśli zechcą, by w ich życiu zaistniała miłość – zaistnieje. Gdy potrzebują dobrej pracy – przyciągają ją do siebie. Zapragną domku letniskowego – budują go. Wszystko to zaistnieje, pod warunkiem, że pragnienia są szczere, prawdziwe. Zresztą, urzeczywistnienie się innych, nieprawdziwych pragnień nikomu nie jest potrzebne – zabiera tylko siły, czas i przynosi ból.

NA TRZECIM STOPNIU, o którym mówi trzecia książka – „Oddziaływanie" – zetknęliśmy się z tematyką często budzącą wątpliwości i rodzącą wiele pytań. „Czy to jest w porządku, gdy programujemy ludzi?" – pytają nasi czytelnicy, zauważając na okładce książki jej podtytuł. Mimo tych wszystkich wątpliwości śmiało mogę stwierdzić, że opanowanie technik trzeciego stopnia jest niezmiernie ważne dla naszego rozwoju. Ważne nie tylko dlatego, by wprost, rzeczywiście programować ludzi (rozumiecie dlaczego, jeśli wprawialiście się w opanowaniu trzeciego stopnia – przecież jeśli odczuwacie głęboko innego człowieka, nie jest to konieczne dla osiągnięcia celu), ale przede wszystkim po to, by komunikować się na wyższym stopniu.

Przecież trzeci stopień umożliwia nam zrozumienie egregorów jakby od wewnątrz, a nawet imitowanie ich działań. Jest to potrzebne przede wszystkim po to, by nauczyć się rozpoznawać ich oddziaływanie i likwidować ich siłę! Większość ludzi przywykła żyć, działać w warunkach nieustannej, niewidocznej obecności egregorów. Ich skoordynowane działanie na nasze otoczenie jest czymś zwyczajnym, do czego przywykliśmy, tak jak przywykliśmy do chodzenia po ziemi. A to, do czego przywykliśmy, zazwyczaj pozostaje przez nas niezauważone, nie zwracamy na to uwagi. Właściwie jak mamy rozpoznać obce oddziaływanie, jeśli nie wiemy, w jaki sposób zachodzi, jakie mechanizmy nim rządzą. Człowiek nie zna tych mechanizmów i dlatego nie zauważa ich działania. Przypomina to działanie promieniowania: jest niezauważalne, ponieważ człowiek nie posiada narządu zmysłu, który by to działanie rozpoznał. Jednak niezauważalnie nie oznacza nieszkodliwie – potwierdza to przykład z promieniowaniem! Póki nie zauważamy oddziaływania – nie ratujemy się przed nim, nie podejmujemy walki, nie zajmujemy się profilaktyką. Podobnie ma się sprawa z egregorem. Techniki trzeciego stopnia DEIR pozwalają na rozwijanie tego „narządu zmysłu", który umożliwia rozpoznawanie działania egregorów. Aby ten „narząd zmysłu" rozwinąć, należy doświadczyć na swoim przykładzie, w jaki sposób to działanie zachodzi.

Wyobraźcie sobie, że macie przed sobą człowieka, który jakoś tak dziwnie wymachuje rękami przed Waszymi twarzami. Jesteście zwykłymi obywatelami i nie zdajecie sobie sprawy z tego, co ten człowiek robi. Przyglądacie się mu i nie podejrzewacie niebezpieczeństwa. A rankiem budzicie się i – robicie coś wbrew swojej woli.

Rzecz ma się zupełnie inaczej, gdy doskonale zdajecie sobie sprawę z tego, w jaki sposób powstaje zombi, gdy jesteście obeznani z tymi technikami. Wtedy natychmiast zorientujecie się w celowości manipulowania rękami przed Waszymi nosami przez nieznajomego. Nie tylko zorientujecie się, ale od razu pokażecie mu, gdzie jego miejsce. Służą temu techniki trzeciego stopnia – dzięki nim we właściwym momencie rozpoznacie działania wroga i zdążycie go na czas unieszkodliwić, jeśli zajdzie taka potrzeba!

Dzięki opanowaniu technik trzeciego stopnia możemy realizować swoje cele, które dyktuje nam nasza własna natura. Dzięki nim możemy także tworzyć wokół siebie prawdziwe strefy pozbawione wpływu energoinformacyjnych pasożytów, w których to strefach wartościowych dla nas ludzi możemy wyrwać spod władzy pasożytów, by służyli wspólnemu dobru i – oczywiście – także nam. W takim przypadku po prostu uwalniamy te osoby od szkodliwych działań i umacniamy związki łączące nas z nimi. Bez tego się nie obędzie – człowiek przecież jest istotą socjalną i nic nie stworzy bez współpracy z innymi.

NA CZWARTYM STOPNIU opisanym w czwartej książce – „Dojrzałości" – kończymy etap pracy zapoczątkowany na poprzednich stopniach. Podstawowe zadania czwartego stopnia polegają na połączeniu świadomości, ciała eterycznego i duszy. Już samo to połączenie umożliwia osiągnięcie ogromnego poziomu energii, znacznego zwiększenia zdolności twórczych, wyostrzenie intuicji.

Jak myślicie, co reprezentuje sobą człowiek, którego świadomość, ciało eteryczne i dusza nie są połączone, ale istnieją oddzielnie, jako niezwiązane ze sobą części? Jestem pewien, że już zapomnieliście, co oznacza ten stan, w którym przebywa większość ludzi. A jest on podobny do takiego stanu, gdy lewa ręka nie wie, co robi prawa, każda z nóg idzie w swoim kierunku, gdy tymczasem kręgosłup pozostaje na miejscu. Przypomnijcie sobie: intuicja krzyczy ze wszystkich sił: „Nie idź tam", ale świadomość tego nie słyszy zajęta innym problemem, ciało natomiast nie wie ani tego, czym zajęta jest świadomość, ani tego, czego obawia się intuicja. Ciało chodzi tam, gdzie chce, jest jak pies, który zerwał się z łańcucha i, naturalnie, nieszczęście gotowe. Dlaczego tak się dzieje? Ponieważ człowiek, pomyślany przez Twórcę i naturę jako jedna całość, rozpadł się na części składowe i w żaden sposób nie chce zebrać się w całość.

Inaczej sprawa ma się z człowiekiem, który już nad sobą popracował. Jest on jednolitą, całościową istotą, której dusza, świadomość, ciało eteryczne i fizyczne żyją w jednym rytmie, czują i słyszą się nawzajem, pozostają w harmonii ze sobą i w pełnym wzajemnym zrozumieniu. Nie będziemy tu mieć do czynienia z sytuacją, kiedy dusza – sobie, ciało – sobie, a rozum – sobie. Teraz te wcześniej rozłączone części składowe mogą usłyszeć się wzajemnie i dogadać ze sobą. Zarówno ciało, jak i rozum takiego człowieka stają się uduchowione – dusza bezpośrednio wyraża się poprzez zachowanie takiego człowieka, we wszystkim, co on robi. A jest to główny warunek każdej twórczości, samorealizacji, radości życia. Taki człowiek zawsze słyszy swoją intuicję i dlatego nie wplątuje się w niechciane, niekorzystne i niebezpieczne sytuacje.

Teraz, z ewolucyjnego punktu widzenia, przyjrzyjmy się rezultatom, które osiągnęliśmy na czwartym stopniu. Po opanowaniu nowej wiedzy i nawyków nie możemy już oczywiście pozostać w dawnym miejscu drabiny ewolucji, nie możemy nie posunąć się naprzód w naszej relacji ze światem. Przyjrzyjcie się tabelce ze strony 59 i zobaczcie, na czym z punktu widzenia przemieszczania się po stopniach ewolucji polega różnica między zwykłym człowiekiem, a tym znajdującym się na czwartym stopniu.

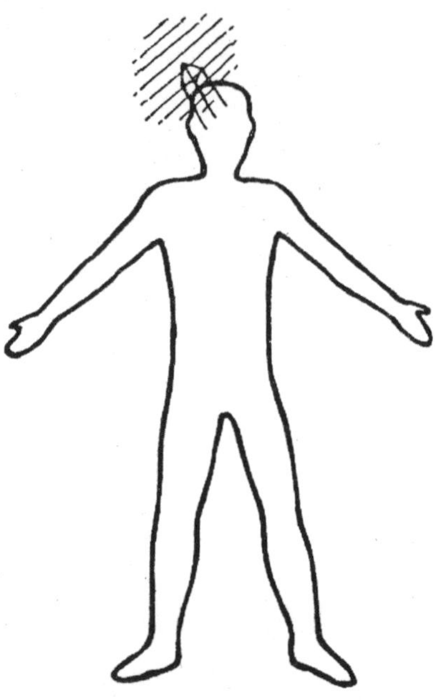

Rys. 4. Ciało eteryczne, świadomość i dusza – tylko ich połączenie daje gwarancję nieśmiertelności.

To właśnie po czwartym stopniu dojrzeliśmy już na tyle, że możemy po raz pierwszy mieć styczność z następnym, nadsocjalnym poziomem naszego świata, zetknąć się twarzą w twarz z prawami sfery nadsocjalnej związanymi ze Światowymi Prądami i przejawami globalnego rozumu łączącego cały nasz świat.

Naturalnie, przenikając w te sfery, podobni jesteśmy do międzygalaktycznych wędrowców, którzy po raz pierwszy odkrywają dla siebie nowe światy. I rzecz jasna, do tych nowych światów już nie pasują nasze zwykłe ziemskie przyzwyczajenia, sposoby działania i stereotypy zachowań. Do tych światów potrzebne są nowe, bardziej zaawansowane narzędzia. Przecież przyjdzie nam żyć i działać tam, gdzie człowiek żyć i działać nie przywykł, będziemy torować drogę w przestrzeni ogromnego wszechświata, nieograniczonego ramami ludzkich wyobrażeń. Do tego potrzebne są nowe nawyki. Oto dlaczego musimy piąć się dalej – na piąty stopień – żeby całkowicie opanować te nawyki, dojść w nich do wprawy.

NA PIĄTYM STOPNIU, W PIERWSZYM JEGO ETAPIE opisanym w „Pewności", zetknęliśmy się bezpośrednio z prawami wielkiego, nadsocjalnego świata. Okazało się, że prawa te podporządkowują i porządkują wydarzenia, które zwykle uważa się za przypadkowe. Na piątym stopniu dostrzegamy prawidłowość i wewnętrzną zgodność takich zdarzeń, oczywiście w przedziale dostępnym badaniu w granicach tego, co w ogóle człowiek może pojąć.

Na pierwszym etapie piątego stopnia uczymy się, uwzględniając prawidłowości nadsocjalnych poziomów, tworzyć reżim sterowanej strefowości zapewniający nam powodzenie w sprawach ważnych, znaczących, kosztem spraw drobnych – jako „wykup" oddajemy niepowodzeniu nieznaczące dla nas obszary, w których dopuszczamy pojawienie się różnych drobnych przykrości czy zmartwień. Ponadto na tym etapie uczymy się wykrywać otwarte i zamknięte drogi oraz czarne strefy, testując, jakie będą nasze wzajemne relacje ze światem na tej czy innej drodze. Zdobywamy także nawyki pokonywania czarnych stref oraz pewności, gwarancji posuwania się naprzód nawet na drogach zamkniętych.

Jak myślicie, co robi człowiek nieznający praw Światowych Prądów i sądzący, że wszystko to, co z nim się dzieje, jest czystym przypadkiem? Dobrze myślicie – w większości przypadków wali głową w mur. Podam przykład: chce zostać prezydentem, do władzy dąży ze wszystkich sił, sądząc, że jest kwestią przypadku fakt, iż dwakroć nie został wybrany; za trzecim razem na pewno mu się powiedzie i wygra wybory. Nie wie, że nie ma przypadków i być może prezydentura jest dla niego drogą zamkniętą. Wtedy, choćby powiedział przed drzwiami tej drogi: „Sezamie, otwórz się" – drzwi nie otworzą się w żadnym razie, ponieważ człowiek ten nie posiada – i nie może posiadać – właściwego klucza. Natomiast w jego kieszeni, obrazowo mówiąc, jest cały pęk kluczy do innych drzwi – takie drzwi zawsze staną przed nim otworem, czekają na niego! A jeśli się uprze i mimo wszystko chce być prezydentem – dostanie zawału serca, zmarnuje sobie życie. Komu to jest potrzebne? I po co?

Człowiek, który przyswoił sobie materiał piątego stopnia DEIR, nigdy nie będzie zachowywać się w taki głupi sposób. Wiedząc o nierównomierności otaczającego go świata, nie będzie, metaforycznie mówiąc: „przekraczał rzeki w miejscu, gdzie nie ma brodu". Najpierw trzeba drogę wybadać, ocenić swoje perspektywy i tylko wtedy można kroczyć od zwycięstwa do zwycięstwa. Człowiek ten nie wybierze drogi, na której nie czekają go zwycięstwa i sukcesy – na taką drogę nie będzie tracił sił i drogocennego czasu swego życia. Oprócz tego – do każdego celu prowadzi wiele dróg...

Tak oto, wraz z piątym stopniem, weszliśmy na następny poziom realności i zrobiliśmy już na nim kilka kroków.

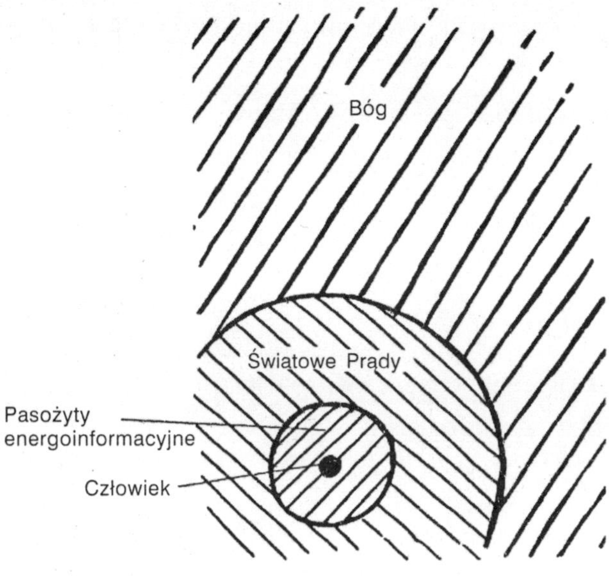

Rys. 5. Społeczeństwo, spowite mgłą pasożytów energoinformacyjnych, jest tylko nic nieznaczącym pyłkiem w oceanie Światowych Prądów, nad którymi znajduje się Bóg.

Teraz nadszedł czas, by dokładnie rozejrzeć się wokół i przyzwyczaić do tego nowego, nieopanowanego dotąd przez człowieka etapu naszego rozwoju. Po to, by budować na nim swoje życie.

Teraz, jak obiecałem wcześniej, przedstawię krótkie omówienie treści tego rozdziału i całej przebytej przez nas drogi. Omówimy ją dokładnie i bardziej wnikliwie – pokażemy pełniej istotę i sens tej drogi z ewolucyjnego punktu widzenia.

PRZEBYTA DROGA: KROK PO KROKU

Pierwszy stopień – precz uroki, klątwy, obce wpływy, precz energoinformacyjne pasożyty – teraz sami sobie jesteśmy gospodarzami!

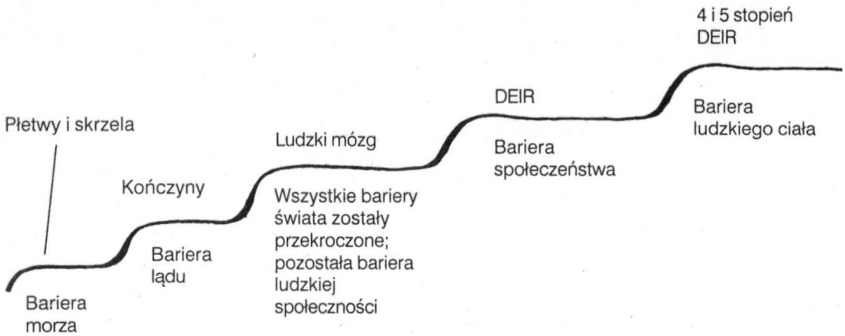

Rys. 6.

Wszystko wydawałoby się takie proste – opanowaliśmy energetykę własnego ciała, oczyściliśmy się od energoinformacyjnych porażek i klęsk oraz stworzyliśmy ochronę umożliwiającą uniknięcie jakichkolwiek agresywnych wpływów. Wiele osiągnęliśmy. Jestem tego absolutnie pewien, ponieważ na adres szkoły wciąż przychodzą listy, w których nasi czytelnicy dzielą się swoimi sukcesami i osiągnięciami. Opanowanie tylko pierwszego stopnia daje już bardzo dużo!

Czy jednak za tym w tej pracy nie kryje się coś więcej, o czym wcześniej nie mówiliśmy?

Oczywiście, że tak. Cały pierwszy stopień, który na pierwszy rzut oka poświęcony jest dostatecznie prozaicznym i zupełnie przyziemnym, ludzkim, materialnym celom konkretnego człowieka, w rzeczywistości bezpośrednio odnosi się do ewolucyjnego procesu w skali całej ludzkości.

Istotę tego procesu ewolucyjnego można krótko streścić w następujący sposób: rozwój indywidualny w celu pokonania przekształcania człowieka w zombi, czyli w celu pokonania *zombującego* wpływu społeczeństwa lub, jeśli wolicie, w celu pokonania wpływu kolektywnej nieświadomości.

Oczywiście, zauważyliście, że w tej książce po raz pierwszy używamy terminu niewystępującego we wcześniejszych podręcznikach: „kolektywna nieświadomość". Po co potrzebny jest nam ten, wydawałoby się, specjalistyczny termin pochodzący z leksykonu psychoanalityków? Aby lepiej pojąć wielkość zasłony na oczach współczesnego społeczeństwa.

Niektórzy badacze utożsamiają pojęcie kolektywnej nieświadomości z Bogiem. To nie tak! Bóg pozostaje jakby na zewnątrz ludzkiej natury. Kolektywna nieświadomość jest tym, co całkowicie, od początku do końca jest zrodzone przez ludzi.

Kolektywna nieświadomość to nic innego jak suma wszystkich wyobrażeń o otaczającym świecie, zgromadzonych przez ludzkość w ciągu całej historii jej istnienia. Czy jesteście sobie w stanie wyobrazić, jaka to jest różnorodna mieszanina? I jaki to zestaw stereotypów postrzegania? Stereotypów, które chłoniemy od dzieciństwa. Karmimy się nimi, gdyż jakby „chłoniemy je z powietrza", naciskają na nas, same trafiają do naszej głowy, mamy je we krwi.

Możecie zapytać: „A co w tym złego"? Ludzkość zgromadziła ogromny zapas wiedzy, stworzyła przebogatą kulturę, dlaczego by nie wchłonąć tego bogactwa wraz z mlekiem matki?

Zło polega na tym, że przyjęta bezkrytycznie (a w dzieciństwie tak się dzieje, inna percepcja nie ma miejsca) spuścizna przodków pozbawia człowieka bezpośredniości postrzegania, pozbawia możliwości stworzenia własnego wyobrażenia o świecie, o istocie rzeczy, pozbawia indywidualności.

Po pierwsze, **od dzieciństwa opanowujemy język, standardowe znaczenia słów i jednocześnie – standardowe (nie indywidualne, nie swoje własne) wyobrażenie na temat otaczających nas przedmiotów i zjawisk.** Małe dziecko widzi kotka, ale nie wie jeszcze, co to jest, nie wie, że to, co widzi, nosi nazwę „kotek". To znaczy, że między nim a kotkiem nie ma bariery, przeszkody w postaci ogólnie przyjętego pojęcia – dziecko może kontaktować się ze zwierzęciem bezpośrednio i samodzielnie kształtować stosunek do niego. Malec doskonale czuje, czy to wróg, czy przyjaciel, dopóki nie zna jeszcze języka ludzi, znajduje „wspólny język" z rzeczami, przedmiotami i najróżniejszymi istotami. W tym sensie jest wielkim magiem i twórczą istotą! Ale oto trochę podrośnie, a wtedy ktoś mu powie: „To kot, on drapie". I koniec! Jakby nie było bezpośredniego postrzegania! Pojawił się stereotyp: kot (nie konkretny, ale w ogóle – każdy) drapie i nie należy się z nim zadawać. Żegnaj bezpośrednie postrzeganie, żegnaj magio poszukiwania wzajemnego zrozumienia i poznawania świata! W świadomości dziecka pojawiło się abstrakcyjne pojęcie: „kot", które nie ma odniesienia do żywej, bezpośredniej percepcji świata!

Po drugie, **od dzieciństwa przesiąkamy standardowymi, logicznymi wymaganiami w stosunku do przedmiotów otaczającego świata, stopniowo wzbogacając się o kulturę – to znaczy nasiąkamy schematami narzucającymi sposób używania tego czy innego przedmiotu, traktowania określonej wartości materialnej lub duchowej.** Oto przykład takiego stereotypu zachowania w stosunku do wspomnianego kota: kot powinien jeść rybę i pić mleko. Istnieją koty, które nie cierpią takiego pożywienia, jednak ludzie, działając według stereotypów, wciskają im to obrzydliwe dla nich jedzenie. Zostawmy przykład z kotem. Iluż mamy takich rodziców, którzy karmią swoje własne dzieci okropnym dla nich pożywieniem tylko dlatego, że „w książce napisano, że dziecko tak należy karmić". Rodzic nie uwzględnia faktu, że dziecko zanosi się krzykiem w odpowiedzi na takie jedzenie, ponieważ czuje, że na jego nieszczęsnym organizmie dokonują gwałtu. Matka bardziej wierzy „mądrej" książce niż organizmowi dziecka i własnej macierzyńskiej intuicji.

Po trzecie, **od dzieciństwa posiadamy energoinformacyjne odczucia otaczającego nas świata ludzi, który wpaja nam standardowy stosunek do takich czy innych przedmiotów.** Przykładów nie musimy daleko szukać – w charakterze przykładu wystarczy podać gwałtownie zmutowany stosunek do pojęcia komunizmu. Dlaczego niektórym ludziom tak trudno było rozstać się z iluzjami komunizmu? Ponieważ w dzieciństwie wchłonęli z kolektywnej nieświadomości pewne odczucia w stosunku do komunizmu, a potem nagle okazało się, że trzeba przestroić się na całkiem inne wrażenia, które także już przeniknęły do kolektywnej nieświadomości. A jakże trudno jest zmieniać stereotypy ludziom, którzy nie idą naprzód na swojej drodze rozwoju!

Szczególnie duży wachlarz odczuć energoinformacyjnych wpajają dziecku rodzice. To, co mu wpoją, w większej części tworzy jego stosunek do świata. Rodzice nie muszą przy tym nic mówić – ich oddziaływanie jest przekazywane nie za pomocą słów, a właśnie odczuć. Oto przykład. Dziecko czuje, że jego mama tak jakoś chłodno reaguje na kota, który potrzebuje jedzenia, a także pragnie miłości i pieszczot. W jaki sposób reakcja mamy postrzegana jest jako chłodna? Przecież nie mówi dziecku, jak odnosi się do kota – w ogóle nic nie mówi na ten temat. Jednak ten chłodny, obojętny stosunek widać w jej spojrzeniu, w intonacji głosu, w zmieniającej się postawie, w wyrazie twarzy, gdy widzi kota. To właśnie stosunek mamy do kota określa stosunek dziecka do tego zwierzęcia – w świadomości dziecka uaktywnia się określona instrukcja zachowania, zgodnie ze zwyczajami kulturowymi, w których wyrosło.

W naszej kulturze podobne macierzyńskie oddziaływanie energoinformacyjne najpewniej spowoduje następujące zachowanie się malca w stosunku do kota: „cacy – be". Czasem, choć rzadko, dziecko może dojść do wniosku, że to mama jest „be", ponieważ nie lubi zwierząt. A „cacy – be" może w przyszłości aktywizować całą masę wszystkich możliwych instrukcji, według których człowiek zacznie budować swoje zachowanie aż do sadyzmu włącznie, nie tylko w stosunku do zwierząt, ale także do ludzi.

Ten właśnie stosunek do otaczających przedmiotów i zjawisk zrodzony przez energoinformacyjne oddziaływania otoczenia, jest najważniejszym czynnikiem określającym w końcowym rezultacie relacje człowieka z otaczającym światem: z kochanymi i niekochanymi ludźmi, z pracą, pieniędzmi, rodziną, ze zdrowiem, a nawet z przedmiotami i zjawiskami.

Zależność od energoinformacyjnych oddziaływań otoczenia określa zachowanie człowieka nie tylko w dzieciństwie, ale także w dalszym życiu – przecież od początku przyzwyczaił się żyć według określonego schematu, przyzwyczaił się do budowania swojego zachowania w zależności od reakcji otoczenia! Podam przykład. Do Twojego domu przyjeżdża daleki krewny z zamiarem pomieszkania u Ciebie rok czy dwa. Przypuśćmy, że bardzo lubisz tego krewniaka. Problem w tym, że nie wiesz, jak jego pojawienie się przyjmie ukochana żona! Bardzo chciałbyś, by zaaprobowała jego przyjazd – wtedy byłbyś zadowolony, byłoby Ci dobrze. Jednak żona, na przekór oczekiwaniom, zupełnie nie cieszy się z przyjazdu krewnego – z tego powodu czujesz się źle (Czy czujecie, jak Wasz stan zależy od reakcji innego człowieka?).

Jeśli się zastanowić, to zadowolenie – satysfakcja lub niezadowolenie – brak satysfakcji człowieka z życia, a w wyniku tego sama jakość życia, zależą od takiej prostej rzeczy, jak zgodność lub niezgodność reakcji otaczającego świata na oczekiwania człowieka.

Jeśli reakcja otoczenia odpowiada naszym oczekiwaniom, jest nam dobrze, jeśli nie odpowiada – źle. W obu wariantach reagujemy na to oddziaływanie otoczenia w ten sposób, że włączamy do naszego działania określony model zachowania. W przypadku wspomnianego wcześniej krewnego możemy, wbrew żonie, zgodzić się, by z nami jakiś czas pomieszkał lub możemy grzecznie wskazać mu drzwi. To są modele zachowania przyjęte w naszej kulturze. Niewątpliwie wybierzemy jeden z nich. Prawdopodobnie nie wybierzemy modelu zachowania nieprzyjętego w naszej kulturze – tzn. ujrzawszy gniew żony z powodu przyjazdu krewnego, nie wykastrujemy go przecież i nie „przerobimy" na niewolnika w haremie, jak jest to przyjęte gdzieniegdzie na Wschodzie. Nie odeślemy go także do klasztoru, co było praktykowane w dawnych czasach w niektórych częściach Europy.

Co wobec tego się dzieje? Całe życie człowieka podporządkowane jest schematowi. Żadnej wolności – jesteście zaprogramowani niczym komputer. W zależności od reakcji innych ludzi „włącza" się w Was takie a nie inne zachowanie wobec człowieka, przedmiotu czy zjawiska. W zależności od tego stosunku wybieracie taki a nie inny ogólnie przyjęty model zachowania. Nie ma w nim nic indywidualnego, nie ma w nim Waszych cech szczególnych, działacie tak „jak wszyscy", tj. jak bezduszne roboty – ponieważ tak jest przyjęte.

Rozejrzyjcie się wokół: ludzie zachowują się zgodnie ze schematami, nie zastanawiając się nad tym, czy jest to mądre, czy nie, czy jest to im rzeczywiście potrzebne i czy określone zachowanie jest efektywne. Młody człowiek umawia się z dziewczyną na pierwszą randkę i prowadzi ją do kina tylko dlatego, że gdzieś słyszał, że tak jest przyjęte. Nawet do głowy mu nie przyjdzie, że podczas pierwszego spotkania mądrzej byłoby znaleźć się w innej sytuacji – porozmawiać, lepiej się poznać zamiast siedzieć i tępo wpatrywać w kinowy ekran. A potem młodzieniec nie potrafi zrozumieć, dlaczego nie powodzi mu się w życiu osobistym. Przecież cały czas próbuje zamienić żywą międzyludzką relację na martwy schemat.

Rodzice posyłają dziecko do szkoły matematycznej, gdyż jest to kwestia prestiżu – nie przychodzi im do głowy, żeby przyjrzeć się uważnie swojemu potomkowi i zobaczyć w nim wreszcie zadatki na wspaniałego humanistę. Znów żywy stosunek został zamieniony przez schemat. A potem powiedzą: „Chcieliśmy przecież jego dobra, a on jest taki niewdzięczny...". Trzeba było chcieć dobra dla tego konkretnego dziecka, z jego indywidualnymi cechami szczególnymi, uwzględniając jego zdolności, a nie usiłując wcisnąć go w ogólnie przyjęty schemat „jakie powinno być dziecko z takiej rodziny". Takie przykłady można by mnożyć w nieskończoność.

Te schematy zachowań są narzucone (na pewno już to zrozumieliście) przez energoinformacyjne oddziaływania otoczenia – pojedynczych ludzi oraz społeczeństwo jako całości. A od odpowiedzi otaczającego świata na nasze działania oraz od zgodności tej odpowiedzi z naszymi oczekiwaniami zależy nasze zadowolenie lub niezadowolenie z życia, zależy nasze szczęście.

Jak myślicie, jaka będzie odpowiedź świata na zachowanie schematyczne, nieżywe? Naturalnie, zupełnie inne niż byśmy chcieli. To zaklęte koło. Oddziaływanie otoczenia prowadzi do schematycznego zachowania – schematyczne zachowanie nie przynosi oczekiwanego efektu, ponieważ, działając według schematu, człowiek zachowuje się nie jak sam by chciał, nie jak indywidualność, ale jak bezduszny mechanizm. Świat nie ma obowiązku odpowiadać wzajemnością bezdusznym mechanizmom. On współdziała wyłącznie z żywymi ludźmi. Społeczeństwo natomiast praktycznie nie pozostawia możliwości człowiekowi, by był żywy – przekształca go w mechanizm działający w oparciu o martwy schemat.

W tym wszystkim trzeba mieć na uwadze fakt, że ludzie wykazują wobec siebie nawzajem nieświadome energoinformacyjne oddziaływanie. Te działania energoinformacyjne przenikają wszystkich i każdego z osobna, tworząc w ten sposób swego rodzaju „obłoki", niewidoczne nurty ze swoimi regułami, prawidłowościami „włączającymi się" w miarę powstawania bodźców zewnętrznych.

Dla lepszego zrozumienia przypomnijmy sobie przykład z egregorem mody. Większość ludzi doskonale wie, co jest teraz modne, a co nie, nawet wtedy, gdy nigdy nie przeglądali żurnali mód i nawet wtedy, gdy nie oglądali telewizji. Oznacza to, że nawet jeśli nie interesujemy się modą, mimo wszystko dostrzegamy modną rzecz w jakimś detalu: długości, kolorze, kroju, wielkości obcasa. Jednak zauważenie modnej rzeczy nie jest jeszcze równoznaczne z określeniem stosunku do niej. Oczywiście, dużo tu do powiedzenia ma egregor – stymuluje nasze postrzeganie. Jeśli egregor posunie się dalej i przedstawi nam taką rzecz, żebyśmy się jej lepiej przyjrzeli (na przykład ktoś zaproponuje nam kupno modnej rzeczy), wtedy egregorialnie narzucony stosunek do tej rzeczy przejawi się w pełni.

Na pierwszy rzut oka wydajc się, że bez tych mechanizmów energoinformacyjnych oddziaływań egregorów oraz ludzi na siebie nawzajem nie mogą istnieć żadne relacje i wzajemne zrozumienie. Przecież dzięki opisanym mechanizmom wszyscy porozumiewamy się w jednym języku, odczuwamy z tych samych powodów mniej więcej to samo (w każdym razie zawsze możemy znaleźć mnóstwo ludzi myślących tak, jak my, ludzi, którzy z podobnych przyczyn doświadczają jednakowych uczuć). Wspaniale, nic dodać, nic ująć: i myśleć nie trzeba, i na każdy przypadek jest gotowy odpowiedni stereotyp reakcji, a nawet kilka wariantów stereotypów – wybieraj, jaki tylko chcesz! Chcesz – chwal komunistów, chcesz – pomstuj na nich. Jedno i drugie to nic innego jak stereotypy, zawczasu przygotowane przez odpowiednie egregory! Tak, proszę Państwa, warstwa egregorialna nawet jakby „myśli" za nas! Bez tego rzeczywiście mielibyśmy trudności ze stworzeniem w sobie adekwatności względem otaczającego świata, tej adekwatności, którą opanowujemy w procesie uczenia się i dojrzewania! Jak z kolei nazywa się tych, którzy myślą i czują po swojemu, którzy nie chcą się wpisać w ogólno przyjęte stereotypy myślenia, czucia i zachowania? Dziwadła! A kto chciałby być takim dziwadłem? Nikt! Lepiej być jak wszyscy, kroczyć w jednym zastępie i sądzić, że kolektyw zawsze ma rację!

Tak właśnie wspaniale żyją ludzie od wielu tysiącleci. A może to wszystko jednak nie jest takie wspaniałe? Nieprzypadkowo i nie po raz pierwszy zadaję to pytanie.. Nie jest ono retoryczne. Co dobrego, a co złego wynika z takiego poddania się egregorom?

Rozpatrzmy ten układ wszechstronnie, obiektywnie i bez uprzedzeń.

Oto człowiek rodzi się i zaczyna przyswajać sobie tę kulturę, w której przyjdzie mu zacząć żyć. Przedszkole, szkoła, zdobywanie doświadczenia... Na razie świadomość – to tabula rasa, która dopiero zapełniana jest cenną informacją. Informacja jest cenna chociażby dlatego, że wcześniej konkretny człowiek jej nie posiadał. Oczywiście, pomogła mu nie tylko przyswoić sobie otaczający świat, ale po prostu w nim przeżyć. Jeśli np. nie przyswoimy sobie informacji, że ogień parzy, a w wodzie nie można oddychać za pomocą płuc, można nie przeżyć i nie doczekać innej, też bardzo interesującej informacji, np. takiej, że dziewczyny lubią kwiaty, a zatem należy przynosić je na randki i wręczać wybrance, oraz takiej, że wódka jest gorzka, a nalewka – słodka. W ten sposób energoinformacyjne oddziaływanie tego wszystkiego, co zgromadzone jest przez doświadczenie ludzkości, w początkowym etapie życia jest nie tylko niezbędne, ale także użyteczne i korzystne!

I oto człowiek zaczyna dorosłe życie. Rozumiemy, że wie o większości przedmiotów i zjawisk występujących w kulturze, do której należy. Już teraz nie będzie chciał wejść do pieca, by się ogrzać, nie włoży palców do kontaktu i nie zacznie naśladować ryb, ucząc się od nich oddychania pod wodą. Wyposażono go w dostateczną wiedzę, ma wystarczające doświadczenie, żeby samodzielnie móc żyć na tym świecie. Przeszedł już pierwszy etap adaptacji do tego świata. A dalej... Dalej człowiek powinien się usamodzielnić i zacząć rozwijać, podążać we własnym kierunku.

I oto tu właśnie uczący energoinformacyjny wpływ społeczeństwa zmienia się z korzystnego na szkodliwy! Być może człowiek cieszyłby się z tego, że może kroczyć dalej przez życie swobodnie i samodzielnie. Jednak został już całkowicie zarażony bakterią energoinformacyjnego wpływu. Przywykł do tego, został spętany tymi sieciami i kroku nie może zrobić bez ukierunkowującego go działania egregorów! Przypomina dorosłe dziecko, które dawno już urosło i zewnętrznie przypomina dorosłego, ale samo bez mamy wciąż nie daje sobie rady. Tak, mój drogi czytelniku, obecnie ten stan odnosi się do większości ludzi naszej planety! W istocie ludzie są jak małe dzieci, które uczepiły się egregorów niczym malec matczynej spódnicy. Choć pora, by dorosnąć, dawno już nastała, ludzkość nie chce tego zrobić, bardzo nie chce... Przy „maminej spódnicy" jest ciepło, przytulnie i – co najważniejsze – za nic nie trzeba odpowiadać, samemu o niczym nie trzeba decydować – wszystko już za Ciebie postanowiono. Tak, egregorialna ludzkość jest jednym wielkim powszechnym przedszkolem. Jednak ktoś jako pierwszy w tym przedszkolu powinien wreszcie zacząć dorośleć. Dlaczego nie mielibyśmy to być my? Nie ma na co się oglądać, przetrzemy szlak, staniemy się pionierami w drodze ku dorosłości, ponieważ znudziło nam się wciąż ssać smoczek i siedzieć w kolebce. Dlatego znów spotykamy się na stronach naszych podręczników.

Tak oto w chwili, w której człowiek dojrzał do tego, by oderwać się od maminej spódnicy, od działania egregorów, okazało się, że jest całkowicie otwarty na niewerbalne, podświadome, energoinformacyjne działanie ze strony społeczeństwa! Jakiekolwiek nowe

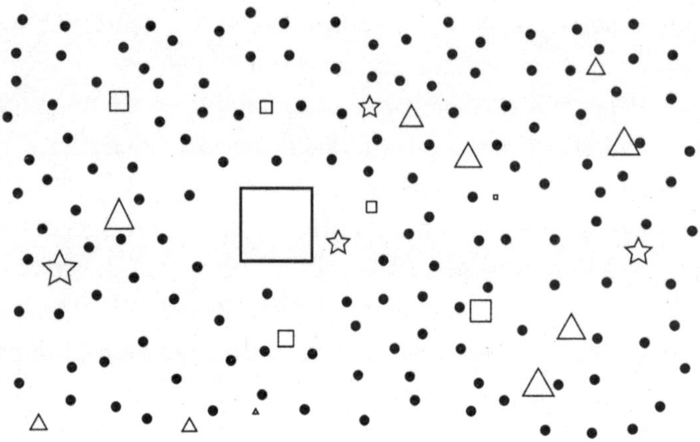

Rys. 7. Na dorosłym etapie rozwoju oddziaływanie egregorów przypomina szablon, nie pozwalając człowiekowi dostrzegać cudów tego świata, przekształcając go w coś bezmyślnego dla samego siebie.

doświadczenie by zdobył, z jakimi nieznanymi zjawiskami się spotkał, wszystko to będzie interpretował zgodnie z egregorialnym wpływem! Jest to oddziaływanie jednakowe dla wszystkich, standardowe. Oto przykład. Naukowiec – materialista poddany wpływowi egregora nauki oraz ortodoksyjnego materializmu spotyka się twarzą w twarz z przybyszem z innej planety. Jak się zachowuje? Oczywiście, nie wierzy swoim oczom, uwierzy w to, co podszepnie mu egregor. Wyjaśnienie egregora wobec tego zjawiska będzie standaryzowane, wzorcowe: to halucynacja, wynik katastrofy ekologicznej, zjawisko atmosferyczne podobne do mirażu itd. Podsunie on wszystko możliwe z puli tego, co stereotypowe, byleby tylko człowiek zrezygnował ze swej własnej percepcji na rzecz kroczenia drogą standardów! Potem uczony napisze o tym artykuł do gazety i większość ludzi zgodzi się z nim, ponieważ znacznie wygodniej jest zgodzić się z czymś, do czego przywykliśmy i co znamy, niż dopuścić możliwość, że w naszym świecie istnieje coś niepojętego, niepoznanego i niezrozumiałego – i dlatego wywołującego strach.

Jakiekolwiek nowe doświadczenie człowiek by zdobył, egregory – kolektywna nieświadomość – wciąż narzucają, sugerują, wmawiają mu swój stosunek do tego doświadczenia, do wszystkich przedmiotów i zjawisk otaczającego świata. Wpływ kolektywnej nieświadomości jest jednolity dla wszystkich. Nie zależy on od osobistego doświadczenia. Pozbawia ludzi indywidualności. A pozbawienie indywidualności – to przekształcenie w zombi.

W ten sposób, po osiągnięciu dorosłości, energoinformacyjne związki ludzkości zaczynają podporządkowywać sobie człowieka i tym samym hamować jego rozwój. Energoinformacyjne pasożyty najpierw na podobieństwo swojej psychiki formatują psychikę człowieka, po czym człowiek ten karmi egregor swoją własną, ale współgrającą z egregorem energią, dzieląc się nią także ze swoim otoczeniem. Na tym polega pasożytnicza istota egregoru: bez potrzeby ofiary zainicjować w niej pewien proces żywiący pasożyta energią dla własnego przeżycia.

Tradycyjne współdziałanie z egregorami nie jest korzystne dla człowieka, ponieważ egregor dąży do zaspokojenia swoich potrzeb. Takie wzajemne oddziaływanie jest niebezpieczne, gdyż zachodzi na poziomie podświadomości. Jest fatalne, dlatego że zmusza człowieka do tego, by, zamiast *poznawać* świat, *rozpoznawał* go tylko według opisów warstwy egregorialnej – zatem egregory w istocie *zabijają* świadomość człowieka, przekształcając ją we własne odbicie. Pozbawia ono człowieka samego siebie, kierując jego myślami i uczynkami, powodując, że człowiek staje się nie przyczyną, ale następstwem wydarzeń otaczającego świata.

Jeśli sytuacja nie ulegnie zmianie, człowiek staje się po prostu bezwolnym, bezsilnym dodatkiem do egregora. Następuje tak zwany stan końcowy, w którym człowiek zdolny jest tylko do standardowych myśli i działań. Staje się fanatykiem, nawet – zombi (dobrych egregorów dla człowieka niemającego ochrony po prostu nie ma, pisałem już o tym). Raptem kilkaset lat temu sytuacja nie była tak groźna, ale teraz, w wyniku wzrostu roli mass mediów oraz zwartości, ścisłości społecznych powiązań, jest katastrofalna. Nasz wiek – to wiek przekształcania ludzi w zombi, wiek utraty indywidualności.

W tym wieku nastąpił gwałtowny rozwój religijnych i komercyjnych sekt, ruchów, do głosu doszły politycznie reanimowane i na nowo tworzone religie – i wszyscy walczą słowem, czynem i bronią o to, by człowieka wtłoczyć w standardy, przekształcić w zombi, aby jego świadomość działała na ich korzyść. To przerobienie ludzi w marionetki, które kierują się swoją wolą, ale nie z własnych pobudek i nie dla swego dobra. To początek nowego średniowiecza, lub, jak kto woli, ery niewolnictwa – tyle że zamiast żelaznych obręczy na współczesnych niewolników, narzucone są niewyczuwalne sieci mentalnego programowania podtrzymywane wszechobecnym wpływem energoinformacyjnych pasożytów. Mało tego, w naszych czasach energoinformacyjna część świata stworzyła potwora znacznie bardziej groźniejszego niż egregor: to broń psychotroniczna. Wykorzystuje te same reguły, co pasożyty energoinformacyjne, ale działa o wiele silniej i – podobnie jak pasożyt – wpływa na znaczne grupy ludzi, podporządkowując ich dążeniom grup politycznych. Zakaz dotyczący posiadania tej broni jest nierealny, ponieważ oznacza, że znajdzie się ona w rękach służb specjalnych. Nawet jeśli by się tak nie stało, to państwo, w którym prace nad bronią będą kontynuowane, zajmie w świecie uprzywilejowaną pozycję. Przewaga kraju władającego bronią psychotroniczną byłaby zbyt wielka, aby tendencja opanowania tej broni wygasła sama z siebie. Jest tylko jedno wyjście z tej niebezpiecznej sytuacji: należy (choćby tylko z grubsza) szkolić się w dziedzinie psychoenergotechnologii, aby umieć przeciwdziałać obcym wpływom.

Oddziaływanie egregorów polegające na przekształcaniu ludzi w zombi, czyli działanie *zombujące*, pociąga za sobą bardzo mroczne skutki: krótkie, pozbawione radości i satysfakcji życie, wczesne występowanie chorób jako następstwo braku realizacji pragnień i możliwości, przymusowe uproszczenie, symplifikacja psychiki, nieprzynoszące pociechy próby samousprawiedliwiania się w przypadku nieosiągnięcia upragnionego celu oraz wieczna tęsknota za czymś, co leży gdzieś hen, za horyzontem, tęsknota za nieziszczalnym marzeniem, za czymś nieosiągalnym. Człowiek czuje, że takie życie nie jest dla niego, pragnie czegoś innego... Jednak nie może zmienić swojego życia, ponieważ ma podcięte skrzydła świadomości – jego skrzydła są niczym pióra tłustej gęsi na fermie. Straszne? Jeszcze jak!

Każdy, kto tak żyje, odchodzi bez śladu, rozwiewa się jak widmo z nastaniem poranka. Ten, kto wyrywa się spod władzy egregorów, kto podąża naprzód – żyje nadal. *Zombowanie* skraca nasze życie, życie naszej świadomości, zabija duszę, pozbawia człowieka możliwości poznania świata, odkrycia radości i sensów życia.

Istnieją dwie drogi zachowania się wobec *zombującego* wpływu. Można pogodzić się z nim i ostatecznie postarać się nie tęsknić tak bardzo, próbując odnaleźć w tym, co się robi, choć odrobinę czegoś interesującego; zatem – można stać się w istocie kolekcjonerem nikomu niepotrzebnego chłamu w rodzaju swej własnej świadomości czy też być podobnym do wyrzuconego na śmietnik zegarka ze sprawną jeszcze baterią. Albo można przerwać ten zaklęty krąg.

Można wyjść z tego kręgu, by zacząć autentycznie poznawać świat, a nie widzieć w nim tylko obrazki sto razy przeczytanej egeregorialnej książki. Żeby stać się wolnym człowiekiem i tworzyć swoje własne, a nie uśrednione, standardowe, schematyczne życie.

Oto dzięki pierwszemu stopniowi DEIR stworzyliśmy ochronę całkowicie zagradzającą drogę oddziaływaniom, których sobie nie uświadamialiśmy. Warto przypomnieć, że ochrona ta

jest samopodtrzymująca się i niezniszczalna, ponieważ nasza podświadomość odruchowo usuwa wszystko to, co nie jest przyjemne i zaplanowane. Uwolniliśmy się od energetycznych pasożytów. Zaczęliśmy żyć własnym życiem, podążając swoją prawdziwą drogą założoną w nas od narodzin. Uniknęliśmy duchowego umierania, by na nowo poznać świat i opanować go.

Po ustanowieniu tej ochrony nasze życie się zmieniło.

Różnorodne energetyczne ciosy, takie jak klątwy, uroki i inne (specjalnie wykorzystujemy tu nazewnictwo ludowe oznaczające realne zjawiska, żeby nie trzeba było już na początku wymyślać jakiejś szczególnej terminologii) na zawsze przestały nam zagrażać.

Zmieniła się też sama struktura naszych wzajemnych relacji ze społeczeństwem – szablony stosunków narzucone przez pasożyty energoinformacyjne zginęły, a ich miejsce zajęły osobiste dążenia i uczynki – wyniesione z własnego doświadczenia.

Odeszły stare socjalne związki, utworzyły się nowe. W końcu zaczęliśmy postępować „według siebie", żyć własnym życiem, a nie kopiować cudze doświadczenie. Ta ochrona w istocie pokonała barierę na drodze naszego rozwoju. Mogło to doprowadzić do nieoczekiwanych zmian w naszym życiu czy też jego przebudowy. Przecież nieświadomie zawsze dążyliśmy naprzód, ale trzymały nas egregorialne związki. Jednak nic nie wiedzieliśmy o tym wiecznym „hamulcu", dlatego coś próbowaliśmy robić, uwijaliśmy się, staraliśmy się stworzyć coś nowego w swoim życiu, nie zauważając tego, że tylko drepczemy w miejscu. Wszystko, co próbowaliśmy w życiu osiągnąć, w rzeczywistości rozmijało się z naszymi prawdziwymi celami – było tylko labiryntem stworzonym przez nasze dreptanie w kółko. Kiedy spod ruin egregorialnych ścian zburzonych przez naszą ochronę zaczęły wyrastać prawdziwe dążenia i cele, takie pozbawione sensu konstrukcje musiały oczywiście upaść, z czym właśnie łączą się zmiany w naszym życiu. Zilustrujmy wszystko przykładem. Usilnie pięliście się po szczeblach kariery i na tym budowaliście konstrukcję swojego życia. Po stworzeniu ochrony okazało się, że Wasze prawdziwe cele leżą zupełnie gdzie indziej. Cała poprzednia kariera nie jest już Wam dłużej potrzebna, zmieniacie swą drogę i zaczynacie wreszcie żyć dla duszy, a nie dla tej bezsensownej socjalnej konstrukcji. Może być też tak, że łatwo i szybko osiągacie swój cel, żeby poświęcić uwagę innym.

Osiągnęliśmy coś jeszcze. Gdy odcięliśmy się od energoinformacyjnych pasożytów, staliśmy się silniejsi od nich: oni nie mają już na nas wpływu, my natomiast możemy działać. Tak malutki ogranicznik u podnośnika (dźwigara) umożliwia podniesienie masywnego, ciężkiego samochodu, przy czym samochód w żaden sposób nie wpływa na podnośnik!

Przestaliśmy być skutkiem zdarzeń, staliśmy się ich przyczyną. Zmianie uległ sam energetyczny, siłowy stosunek wzajemny między nami i otaczającymi nas ludzi. Staliśmy się silniejsi od nich i stopniowo, nieświadomie zaczęliśmy rozszerzać swój wpływ na coraz większe obszary (przecież każdy z Was okazał się liderem w swojej rodzinie, czyż nie?). Nasze ciało nabrało siły – świadomość uzyskała wolność. Zmieniliśmy się.

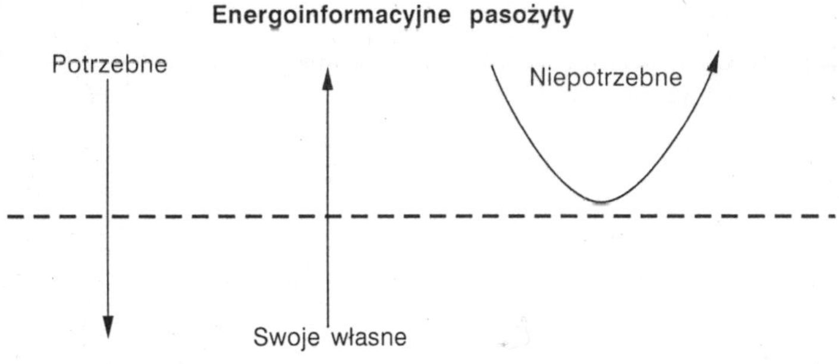

Rys. 8. Otoczka – to samonastrajający się filtr. Nie przepuszcza tego, co niepotrzebne, przejrzysta dla tego, co potrzebne – dzięki niej człowiek jest silniejszy od pasożytów energoinformacyjnych.

Powiem więcej, ta ochrona pomoże nam później wykorzystać energoinformacyjne pasożyty (wszystko zostanie opisane w książce „Egregory" planowanej do wydania w ramach serii „System nawyków DEIR") – tak jak marynarz może wykorzystać wiatr, jeśli przed jego niekontrolowanym wpływem ma ochronę – ster i kil.

Przed opanowaniem pierwszego stopnia DEIR człowiek był podobny do dziwaka bardzo długo siedzącego na wózku inwalidzkim, wcale przy tym nie będącego inwalidą. Mógłby chodzić sam, ale z jakiegoś powodu nie wstawał. Był wożony po niekończących się korytarzach istnienia przez widma, upiory zbiegów okoliczności poruszające się z woli energoinformacyjnych pasożytów. Taka sytuacja wydawała się dla „mieszkańca" wózka najzupełniej w porządku, choć była trochę nudna i nużąca, ponieważ wszystkie zajęcia, które można wykonać na wózku, dawno już się wyczerpały, a uczesanie się tak, by wyszła nowa fryzura, staje się coraz trudniejsze. Życie stopniowo traci radość, stając się brzemieniem.

Jednak ten, kto stworzył ochronę przed egregorami – podniósł się, wstał z tego wózka. Od tej pory jest wolny i może kroczyć sam, odkrywając świat wokół siebie.

Pierwszy stopień jest o wiele bardziej radykalny i sięga znacznie głębiej, niż się może wydawać. Zmienił nasze relacje ze światem. Przestaliśmy ulegać *zombującemu* wpływowi energoinformacyjnego środowiska społeczeństwa. Przestaliśmy zależeć od okoliczności – sami staliśmy się przyczyną zdarzeń wokół nas. Otrzymaliśmy także ogromną ochronę. Zasłona opadła z naszych oczu. Otworzyła się droga dalszego rozwoju.

Wtedy, naturalnie, przyszedł czas na **drugi stopień**. W praktyce jest on bardzo prosty (jeśli spojrzymy na to z naszego obecnego punktu widzenia): staliśmy się pewnymi siebie ludźmi, którym sprzyja powodzenie i, powodując zawiść otoczenia, zaczęliśmy osiągać sukces we wszystkim, za co się wzięliśmy – a wszystko dlatego, że nauczyliśmy się kształtować swoje życie samodzielnie, tak jak chcemy, bez zależności od energoinformacyjnych pasożytów, wedle swego upodobania (dokładnie informacje na ten temat zawiera książka pt. „Kształtowanie").

Jednak to wszystko dotyczy tylko powierzchniowej warstwy naszej wędrówki. Obecnie, jeśli nie zapomnieliście, rozmawiamy nie tyle o przebytej przez nas drodze, ile o głębi sensu tej drogi (o czym wcześniej nie mówiliśmy) – o drodze z globalnego, ewolucyjnego punktu widzenia.

Co znajduje się tam, w głębi, za tą powierzchniową warstwą naszych osiągnięć na drugim stopniu?

Jeśli na pierwszym stopniu uwolniliśmy się od energoinformacyjnych wpływów pasożytniczych dyktujących nam stosunek do otaczającego świata, nie oznacza to bynajmniej, że tym samym wyczerpaliśmy w sobie wszystkie możliwe, istniejące w naszej kulturze i społeczeństwie logiczne schematy wzajemnego oddziaływania ze światem. Przecież niektóre z tych schematów dalej są dla nas pożądane! Chodzi o to, że niektóre ze wskazanych dla nas schematów zachowania były znowu niedostępne, ponieważ wypierały je inne, narzucane przez egregory!

Zilustrujmy to przykładem. Zawsze wiedzieliście, że niektórzy ludzie uwielbiają góry. Sami też chętnie wybralibyście się tam. Jednak nic nie wiązało Was z egregorem alpinistów czy chociażby – turystów, ponieważ mieliście styczność z egregorem zatwardziałych domatorów. Tym niemniej podskórnie czuliście potrzebę przebywania w górach. Jednak wpływ egregorów przeszkadzał w uświadomieniu sobie tego. Teraz przeszkoda zniknęła, uświadomiliście sobie swoje pragnienie. Wspaniale! Należy je więc wcielić w życie!

Trzeba nadmienić, że jeśli pragnienie jest silne i znaczące, należy je niezwłocznie realizować, w przeciwnym razie, tkwiąc gdzieś podskórnie, będzie niepokoić, a my, sami tego nie zauważając, będziemy hamować jego realizację (można to porównać z sytuacją, gdy jedziecie na rowerze i jednocześnie chcecie powąchać kwiaty rosnące przy drodze – to pragnienie albo zmusi Was do spowolnienia ruchu, albo pozostanie niezrealizowane). Teraz, gdy nie ma „roweru" – niekorzystnie ciągnącego Was za sobą egregora, w pełni możecie zaspokoić swoje pragnienie. Oprócz tego, nierealizowane pragnienie zapędzone do podświadomości i nie usunięte z niej może doprowadzić do choroby i znacznego zaburzenia zachowania.

Mamy teraz świadomość, że samodzielne realizowanie pragnienia nie jest takie proste. Do wcielenia go w życie też jest potrzebny jakiś schemat zachowania, może nieznany nam wcześniej, niemniej jednak – schemat!

Nasze życie wymaga schematów, ponieważ przyzwyczailiśmy się do sterowania nami przez egregory.

Oznacza to, że mieliście taki sam stosunek do zjawisk tego świata i takie same schematy relacji z innymi, jak wielu ludzi. W przykładzie z górami (naturalnie, jeśli chcieliście tam jechać) stosunek ten można zilustrować powiedzeniem: „Mądry w góry nie pójdzie..." (to kierujący Wami egregor zechciał, byście tak sądzili). Ten stosunek, te relacje z innymi zachodziły nie tylko na poziomie świadomości, ale także podświadomości. To znaczy, że w Waszej podświadomości, podobnie jak w podświadomości innych ludzi, były gotowe schematy stosunków i zachowań praktycznie dla każdego życiowego wydarzenia. Płynęliśmy po prostu z prądem, słuchając głosu egregora i naiwnie sądząc, że mamy swoje własne zdanie.

Prościej działać według standardowych niż oryginalnych schematów. Kiedy uwolniliśmy się od standardowych wzorców, do których byliśmy przyzwyczajeni, okazało się, że nie umiemy funkcjonować w nowych warunkach. Dlatego też jak najszybciej potrzebowaliśmy nowych schematów.

Jeśli zastosować porównanie z człowiekiem, który wstał z wózka, to okaże się, że nie może poruszać dolnymi kończynami. Nie wie, jak to zrobić. A wyobraźcie sobie, że w dodatku ma jedną nogę krótszą od drugiej (nawiasem mówiąc, pewna różnica w długości kończyn jest dla większości ludzi normą). Chodzenia trzeba się uczyć od nowa.

My uczymy się tego na drugim stopniu DEIR, który bez przejścia pierwszego po prostu nie ma sensu.

Dlaczego specjalnie trzeba się tego uczyć? Jeśli nie zrobilibyśmy tego, to – wyrwawszy się spod władzy jednego egregora, dostalibyśmy się pod wpływ drugiego – i tyle. Przykładowo, gdy uwolnilibyśmy się od egregora domatorów, dostalibyśmy się pod wpływ egregora alpinistów. I znowu moglibyśmy się pożegnać z wolnością. Zamiast zachwycać się górami, upajać oczy i duszę ich widokiem zgodnie z naszym marzeniem, będziemy musieli – czy tego chcemy, czy nie – chodzić po nieszczęsnych skałach w każdą pogodę, przeklinając i myśląc: dlaczego nie mogę siedzieć w domu?

Pamiętajcie o niebezpieczeństwie – zamiast wolności – zwykła zamiana egregorów! Pamiętajcie, by, uwolniwszy się od jednych stereotypów zachowania, nie trafić na inne! Dlatego uczcie się technik wspomagających swobodne poruszanie się naprzód, np. technik drugiego stopnia DEIR (jeśli oczywiście jeszcze tego nie zrobiliście, choć mam nadzieję, że większość czytelników tej książki przeszła już do czwartego stopnia).

Na drugim stopniu uczymy się wyjaśniać swej podświadomości, czego właściwie chce świadomość. Ustalamy z nią to pragnienie przy pomocy sprawdzania jego szczerości, prawdziwości. W przykładzie z wózkiem inwalidzkim odpowiada to działaniu, gdy uruchamiamy układ motoryczny człowieka, który długo nie chodził. Wprowadzamy program sukcesu i powodzenia ogarniający cały zakres naszych naturalnych zdolności w dojściu do celu.

Na drugim stopniu nauczyliśmy się samodzielnie pracować nad doskonaleniem się – opanowaliśmy programy pewności siebie, dzięki czemu możemy wydatkować potrzebną ilość energii w zderzeniu z przeszkodami. Nauczyliśmy się wskazywać swoją drogę innym ludziom, pomagając im we współpracy z nami – opanowawszy programy efektywności własnych działań.

Umieliśmy nawet naprawić, skorygować niejednakową długość „kończyn" naszej świadomości – usunąwszy karmiczne ogniwa, już realizowane i przeszkadzające nam.

Drugi stopień pozwolił nie tylko stanąć na nogi, dzięki niemu mogliśmy zacząć naprawdę poruszać się do przodu, doskonalić się. To kolejny krok na drodze ewolucji, dalszego rozwoju. Jednak na razie musimy jeszcze iść ścieżkami kultury, która jest wokół nas. Póki co nie odkrywamy nic nowego – po prostu zmierzamy do naszych celów, wykorzystując najbardziej interesujące sposoby z zaproponowanego zestawu. Idąc np. w góry, możemy wybierać najbardziej odpowiadający nam schemat podróży: iść z grupą czy w pojedynkę, wspinać się z grupą alpinistów czy spacerować ścieżkami po łagodnych zboczach. Nie znajdujemy się w sytuacjach, w których byśmy sobie tego nie życzyli, ponieważ wybieramy świadomie.

Zróbmy porównanie: przed dziećmi leżą: jabłko, banan, pomarańcza i śliwka. Dziecko może wybrać dowolny owoc, ale wychowawczyni (egregor) mówi: „Dzisiaj trzeba wybrać pomarańczę!". I wszyscy wybierają właśnie ten owoc. Tak działo się z nami przed opanowaniem pierwszego stopnia. Po pierwszym stopniu wychowawczyni już nic nie mówi. Każdy wybiera to, co mu się podoba.

Jeśli jeszcze posłużymy się przykładem cudaka na wózku, to powiemy, że teraz mamy możliwość badania tego zagadkowego, interesującego korytarza we wschodnim skrzydle naszego szpitala, sprawdzenia tego, co znajduje się w pokoju, obok którego zawsze przejeżdżaliśmy... itd.

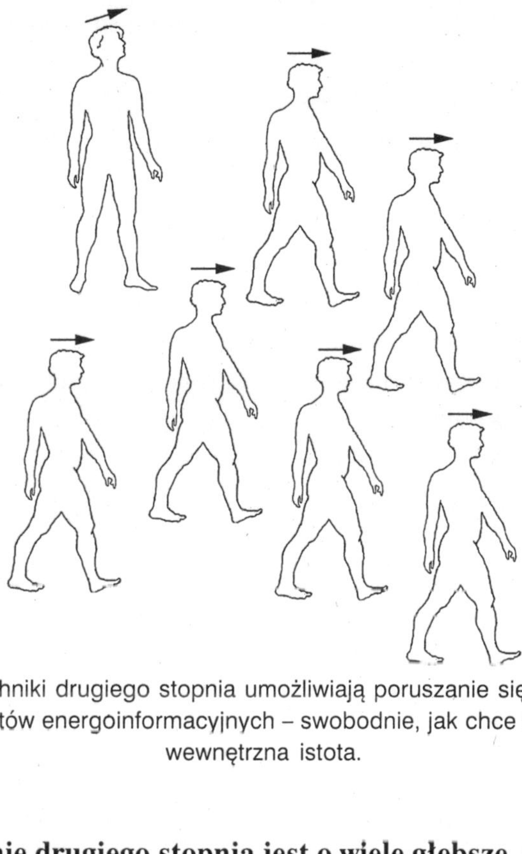

Rys. 9. Techniki drugiego stopnia umożliwiają poruszanie się niezależnie od pasożytów energoinformacyjnych – swobodnie, jak chce tego nasza wewnętrzna istota.

Znaczenie drugiego stopnia jest o wiele głębsze, niż mogłoby się to początkowo wydawać: opanowanie programów sukcesu i powodzenia, pewności, efektywności, a także uwolnienia od karmy umożliwia realizowanie nie tych logicznych schematów wzajemnych relacji ze światem narzucanych przez energoinformacyjne pasożyty, ale tych, które dyktuje nam nasza prawdziwa istota. To nowy krok, i choć nie wyprowadza nas jeszcze na krawędź kontekstu kulturowego, poza granice ogólnie przyjętego schematycznego zachowania – to mimo wszystko jest to krok ku prawdziwej wolności.

Potem przeszliśmy do opanowania **stopnia numer trzy**. W praktyce jest on jeszcze prostszy niż dwa poprzednie. Uczy, jak wpływać na innych ludzi – po to, żeby wyciągnąć ich (tych, z którymi jesteśmy w bezpośrednim kontakcie) spod wpływu pasożytów energoinformacyjnych. Oprócz tego trzeci stopień uczy dosłownie czytania myśli, odczuwania tego, co dzieje się w wewnętrznym świecie innych ludzi – wtedy rośnie nasza wrażliwość w stosunku do innych, zaczynamy dobrze ich rozumieć. Wszystko to dokładnie opisane zostało w trzeciej książce pt. „Oddziaływanie".

W praktyce wszystko jest proste i zrozumiałe. Jednak wciąż rozmawiamy o ukrytym, znacznie głębszym sensie tego stopnia. I ten stopień, i pozostałe, w rzeczywistości sięgają znacznie głębiej niż może się to wydawać na pierwszy rzut oka. Wszystkie one prowadzą nie tylko do rozstrzygnięcia zwykłych spraw bytowych.

Rys. 10. Techniki trzeciego stopnia umożliwiają kontakt między świadomościami – zrozumienie innego człowieka staje się tysiąc razy głębsze.

Przede wszystkim trzeci stopień pozwala słyszeć, bezpośrednio odczuwać stan drugiej osoby. Umożliwia nam to zrozumienie człowieka i dokładniejsze wyrażanie swoich myśli i uczuć – tak, żeby nas zrozumiał. Metaforycznie rzecz ujmując, kanał łączący wyszkolonego człowieka ze świadomością innych ludzi jest o wiele szerszy niż u zwykłej osoby.

Jeśli posłużyć się przykładem człowieka, który wstał z wózka, trzeci stopień pozwala mu rozumieć sens ruchu po korytarzach szpitala – społeczeństwa, w którym się znalazł. Wcześniej odbierał wszystko jako chaotyczne i pozbawione sensu przemieszczanie ludzi i przedmiotów. Teraz widzi, kto, dokąd i w jakim celu się porusza, jakie ma zamiary, co chce robić. Świat wokół nabiera sensu. Ten, kto opanował trzeci stopień DEIR, doskonale orientuje się w zamiarach i celach otaczających go ludzi, chociaż ci chcieliby to ukryć.

Trzeci stopień umożliwia bezpośrednie przekazywanie swoich uczuć drugiej osobie – bez słów, ze świadomości do świadomości. Podwyższa to znacznie socjalną efektywność człowieka – przecież każdy socjalny rezultat zależy od skutecznej komunikacji. Słowa były tylko wyblakłymi cieniami naszych prawdziwych myśli i odczuć, teraz do głosu dochodzą myśli – można je wyrazić bezpośrednio, w całej ich głębi i pełni.

Trzeci stopień powoduje także, że człowiek jest chroniony nie tylko przed kodującym wpływem, ale także przed hipnozą, tj. po opanowaniu trzeciego stopnia, będąc nawet pod działaniem broni psychotronicznej, potrafi ją rozpoznać i uniknąć jej następstw. Jest to nie tylko nadzwyczajne, ale nadzwyczaj niezbędne! Przecież broń psychotroniczna jest niebezpieczna, stanowi zagrożenie dla każdego współczesnego człowieka.

Psychotronika oraz testowane na masach psychotechnologie są niebezpieczne, ponieważ wprowadzają do mózgu pewne myśli i zamiary, a człowiek nieprzygotowany nie potrafi rozpoznać, że te myśli i zamiary są mu obce, odbiera je jako własne. Nauka na trzecim stopniu DEIR umożliwia rozróżnianie swoich myśli od myśli zaszczepionych z zewnątrz, transmitowanych zarówno energetycznymi, jak i nieenergetycznymi metodami.

Zatem trzeci stopień pozwala człowiekowi na samodzielne tworzenie wokół siebie korzystnego środowiska, ułatwiającego mu poruszanie się naprzód. Oprócz tego środowisko umożliwia głębokie odczuwanie energoinformacyjnego świata własnej świadomości, a bez tego opanowanie czwartego stopnia jest praktycznie niemożliwe.

Trzeci stopień ułatwia realizację logicznych schematów naszego wzajemnego oddziaływania ze światem. Owe schematy dyktuje nam wewnętrzna prawda. Trzeci stopień umożliwia także nadawanie ich wewnątrz, tworząc strefy, w których działalność pasożytów energoinformacyjnych jest nieskuteczna.

I tak oto przyszła kolej na **stopień numer cztery**. To nadzwyczaj ważny stopień. Jego znaczenie także sięga głębiej niż można by sądzić na pierwszy rzut oka. Stopień ten, opisany w książce pt. „Dojrzałość", umożliwia stanie się całościową, jednolitą istotą świadomie kształtującą swoje życie. W nowej istocie harmonijnie współdziałają dusza, umysł i ciało, intuicja jest rozwinięta, a twórcze zdolności przejawiają się bardzo wyraźnie – szczególnie zdolności do tworzenia swego własnego życia.

Na czwartym stopniu wykonaliśmy ćwiczenia jednoczące świadomość, duszę i ciało eteryczne. Po co i dlaczego było to potrzebne?

Wtedy wyraźnie odczuliśmy, że – po pierwsze, nasze ciało, nasza świadomość potrzebują coraz wyższego poziomu energii, takiego, który byłby trudny do zniesienia przez istniejącą w nas czakralną strukturę. Po drugie, dane intuicyjne stały się dla nas bardziej dostępne (to naturalne, zważywszy na wzrost poziomu energetyki, na zlikwidowanie energoinformacyjnych ciosów oraz przeszkadzającej do tej pory karmy), ale w wykorzystywaniu intuicji przeszkadzał nam wieczny monolog wewnętrzny prowadzony w umyśle każdego człowieka, niezależnie od jego woli – tzw. krytyk wewnętrzny. Po trzecie, zrozumieliśmy wreszcie, że w rzeczywistości widzimy i możemy bardzo dużo, ale z jakiegoś powodu nie korzystamy ze swoich potencjalnych możliwości. Korzystamy tylko ze standardowego zestawu możliwości, z takich szablonowych wariantów zachowania (cierpimy z tego powodu, ponieważ nie możemy się realizować), które wpojono nam poprzez wychowanie i przynależność do kultury naszej społeczności. W pierwszej kolejności powinniśmy sobie poradzić z tymi właśnie ograniczeniami.

I oto cel został osiągnięty. Energoinformacyjna struktura organizmu została przebudowana, zamilkł wewnętrzny krytyk, stałe przemieszczenie punktu *ja jestem* umożliwiło panoramiczną, szeroką i znaczną percepcję rzeczywistości.

Jaki jest rezultat naszych poczynań? Bardzo wysoki poziom energii, dostęp do intuicyjnych danych oraz niestandardowe, szerokie spojrzenie na różne kwestie, co otwiera twórcze możliwości.

Jakie znaczenie ewolucyjne ma czwarty stopień DEIR? Jest jeszcze bardziej ważki niż wszystkie wymienione wcześniej zalety.

Ewolucyjne znaczenie wiąże się z tym, że w ramach tego stopnia opanowujemy coraz głębsze poziomy własnej wewnętrznej wolności.

To, czego w swym życiu człowiek może dokonać, zależy od postrzegania przez niego otaczającego świata. Na drugim stopniu nauczyliśmy się odchodzić od rutynowych schematów naszego wzajemnego oddziaływania ze światem, zeby mieć swobodę wyboru. Jednak znowu wybieraliśmy spośród zestawu schematów zaproponowanych przez tę samą kulturę. Natomiast na czwartym stopniu – dzięki nowemu poziomowi energetyki, otwarciu zdolności twórczych oraz uaktywnieniu intuicji, staliśmy się jeszcze bardziej wolni

– mogliśmy przestać wybierać, czerpać z istniejących schematów zachowania, by zacząć tworzyć swoje nowe schematy relacji ze światem. Pozwoliło nam to wyjść poza granice istniejących sensów słów i przedmiotów – rozszerzać te sensy w swoim kierunku!

Wykonaliśmy kolosalny skok! Osiągnęliśmy taki poziom wolności, o którym zwykły człowiek nie mógłby nawet marzyć. To zakończenie socjalnego uwarunkowanego etapu rozwoju jednostki i praktycznie przejście na nowy, już nadsocjalny etap rozwoju człowieka.

Jeśli znów posłużymy się przykładem człowieka opuszczającego wózek inwalidzki, to czwarty stopień zmusza go do zrozumienia, że na świecie istnieje nie tylko budynek, w którym on się znajduje, że istnieją nie tylko zwyczaje panujące w tym budynku, że wszystkie możliwe przemieszczania się po obiekcie – choć spore, są jednak ograniczone, że – wreszcie – poza granicami budynku – jest ogromny, niewyobrażalny, obiecujący i oferujący mnóstwo możliwości świat, w którym teraz człowiek ten zaczyna stawiać pierwsze kroki.

Co dzieje się z człowiekiem, który opanował czwarty stopień dalszego energoinformacyjnego rozwoju? Pamiętacie, co działo się z Wami. Sam pamiętam, jak to było ze mną. Zgromadziwszy kolosalny poziom energii czwartego stopnia, zaczynasz realizować wciąż nowe i nowe sprawy. Wyostrzona intuicja podpowiada najbardziej prawdopodobny rezultat określonego przedsięwzięcia. A twórcze możliwości stopniowo podpowiadają nowe, niestandardowe rozwiązania problemów.

Oprócz tego zniknęło wszystko, co stanowiło dla nas przeszkodę na pierwszym stopniu. Człowiekowi, który opanował czwarty stopień, nie grożą już ani uroki, ani klątwy, ani wpływ pasożytów energoinformacyjnych, ani niepowodzenia czy brak poczucia pewności siebie, ani karma, ani brak energii czy intuicji, ani też własne ograniczenia. Wszystko to, co przygniata współczesnego człowieka, wszystko, co wydaje mu się bardzo poważne, stanowi dla niego przeszkody nie do pokonania, natomiast dla tego, kto ukończył czwarty stopień – jest porównywalne z dziecięcymi zabawami w przedszkolu, to po prostu dziecinna igraszka.

I oto teraz, gdy uporaliśmy się już ze stanem euforii ogarniającej nas z powodu takich niebywałych możliwości – nie od razu, ale stopniowo, zaczynamy dostrzegać przed sobą jeszcze jeden problem. Problem wiąże się z faktem, że badając świat przy pomocy czwartego stopnia, nagle odkrywamy, że nieoczekiwanie dotknęliśmy już kolejnego nadsocjalnego poziomu Wszechświata. Na razie jest on niczym zagadkowy i niezrozumiały labirynt, który przyjdzie nam badać i opanować. I oto stało się: kiedyś leżący pacjent, błądząc po budynku, wychodzi na ulicę i staje twarzą w twarz z nieznanym.

Ze światem, w którym znajdują się Światowe Prądy, Bóg, nowe, nieznane sensy. Ze światem bez granic i horyzontów.

Ewolucyjne znaczenie czwartego stopnia DEIR polega na tym, że daje on nawyki pozwalające na całkowite pokonanie ***zombujących*** **tendencji socjalnego poziomu ewolucyjnego rozwoju człowieka. Umożliwia również zanurzenie się w następnym, nadsocjalnym poziomie. Zwykły człowiek nie dostrzega tego nadsocjalnego świata, ponieważ współdziała z socjalnymi regułami.**

Tak oto zbliżyliśmy się do **piątego stopnia** dalszego energoinformacyjnego rozwoju. Jest on niemożliwy do osiągnięcia bez czwartego stopnia i całkowicie poświęcony następnemu, nadsocjalnemu poziomowi współdziałania człowieka z otaczającym światem. Z czego składa się pierwsza część piątego stopnia? Znaleźliśmy się na poziomie Światowych Prądów, nauczyliśmy się wykrywać reguły tam panujące i wpisywać się w nie w celu wykorzystania ich do szybszego i zakończonego powodzeniem osiągnięcia swoich celów, nauczyliśmy się sterować reżimem strefowości życia, wykrywać zamknięte i otwarte drogi oraz umiejętnie się na nich zachowywać. Wszystko to doprowadziło nas do zupełnie innej, nieznanej zwykłemu człowiekowi jakości życia.

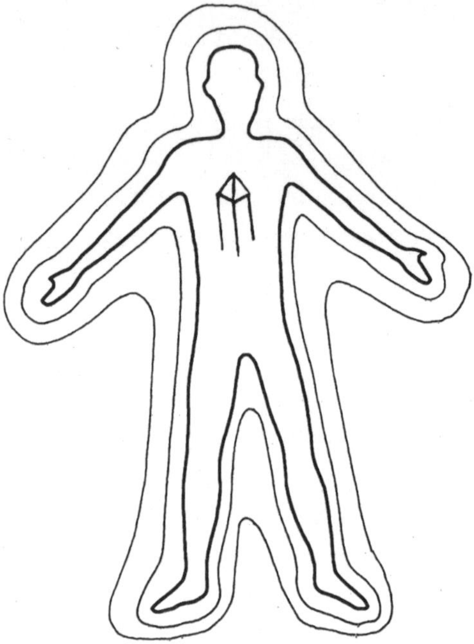

Rys. 11. Połączenie świadomości, duszy i ciała eterycznego – to siła, twórczość i intuicja. To przebicie się do nadsocjalnego świata.

Teraz znowu porozmawiamy o ewolucyjnym znaczeniu pierwszego etapu piątego stopnia. Jak wynika z tabelki, pierwsze cztery stopnie niwelują ograniczenia nakładane na człowieka przez bieżący, ewolucyjny etap rozwoju społeczeństwa. Oznacza to, że automatycznie zaczynamy się stykać z regułami następnego, nadsocjalnego poziomu.

Możecie jednak zadać pytanie, czy to, co powiedziałem przed chwilą, jest tak oczywiste? Czy rzeczywiście pokonanie jednego poziomu zawsze oznacza dotknięcie następnego?

Ewolucyjne znaczenia pierwszych czterech stopni DEIR: pokonanie standardowych, *zombujących* tendencji energoinformacyjnych pasożytów

	Człowiek egregorialny	**1 stopień DEIR**	**2 stopień DEIR**	**3 stopień DEIR**	**4 stopień DEIR**
Standardowość bazowych pojęć	Tak	Tak	Tak	Tak	Wypracowanie idywidualnych pojęć
Standardowość schematów współdziałania ze zjawiskami świata	Tak	Zestaw standardowy, ale indywidualny wybór	Realizacja indywidualnego wyboru, odpracowanie standardowego zestawu	Odpracowanie standardowego zestawu	nie
Standardowość stosunku do zjawisk świata w ramach indywidualnej sytuacji	Tak	Nie	Nie	Nie	Nie

Tak, z całą pewnością. Gdy ograniczenia jednych reguł zostaną zlikwidowane, istota rozumna otrzymuje większy dostęp do reguł wyższego rzędu. Podam pewien przykład. W dzieciństwie lubiliśmy cukierki i lody (kto ich nie lubił?!). Wiedzieliśmy, że kupuje je mama. Oznacza to, że dostanie cukierka zależało bezpośrednio od relacji z mamą. To jeden poziom współdziałania ze światem. Wszystko, co było potrzebne, aby otrzymać słodycze, polegało na tym, żeby spowodować, w taki czy inny sposób, przychylność mamy. Więcej nie byliście w stanie zrobić.

Później dowiedzieliście się, że musicie mieć pieniądze, by kupić cukierek. Okazuje się, że nie bardzo aktualne jest spowodowanie przychylności mamy. Znacznie bardziej na czasie stał się sposób zdobycia pieniędzy. Potem dowiedzieliście się, jak te pieniądze zarobić i zrozumieliście, że ilość cukierków (jeśli do tego czasu nie przestaliście ich lubić, a jeśli rzeczywiście przestaliście lubić, pomyślcie o mięsie lub jarzynach) zależy od Waszej pracy. Jest to już inny poziom relacji ze światem, z którym, chcąc nie chcąc, zetknęliście się w procesie własnego rozwoju. Jest to znacznie wyższy poziom, ponieważ reguły poprzedniego stopnia bezpośrednio są przez niego określane. Przecież, aby zapewnić Wam cukierki, mama działała właśnie na tym poziomie – to znaczy układała swój stosunek pracy ze społeczeństwem. Teraz różnica polega na tym, że sami dorośliście do tego poziomu. Weszliście z nim w bezpośredni kontakt, a nie poprzez mamę, jak dawniej – a to przecież podwyższa poziom Waszej wolności, choć jednocześnie nakłada dużą odpowiedzialność.

Dlaczego tak się stało, że zetknęliście się z nowym poziomem reguł? Jakże by było dobrze w ogóle się z nim nie zetknąć, całe życie dostawać cukierki od mamy, o niczym nie myśleć, nie wiedzieć, skąd się biorą, jak zarobić pieniądze itd.

Jednak to było nieuniknione – właśnie dlatego, że przerośliście prawa dotyczące poprzedniego poziomu, zbyt dobrze je poznaliście i opanowaliście, przeszliście ten stopień rozwoju – jest już dla Was całkowicie zrozumiały. A to, co świetnie rozumiemy, szybko przekształca się w etap przebyty. Teraz dążymy dalej, do następnego, jeszcze nieznanego poziomu, aby go poznać i opanować.

Będąc po czwartym stopniu, potrafimy już odkrywać mechanizm i reguły wyższego poziomu: nasz chory wstał z wózka, wyszedł na ulicę i odkrył, że świat, w którym stoi budynek przed chwilą przez niego opuszczony, jest też bardzo duży i na razie niezrozumiały; jednak nic na to nie można poradzić – przeminął czas szpitalnych korytarzy, teraz trzeba żyć tu, w tym wielkim świecie, a to oznacza, że trzeba nauczyć się orientować pośród jego niekończących się ulic, placów i domów.

Przede wszystkim, aby ułatwić przemieszczanie się w tym nowym świecie, opanowujemy strefowość zdarzeń. Oznacza to, że zaczynamy wykorzystywać prawa nadsocjalnego poziomu (od których zależą także zdarzenia poziomu socjalnego) dla swojego dobra – tak człowiek podczas chodzenia wykorzystuje, chociaż nie zawsze świadomie, prawo powszechnego ciążenia pozwalająace mu bez wysiłku opuszczać nogę na ziemię i przyciskanie jej do niej, ułatwiając odpychanie.

Powiem więcej, w ramach piątego stopnia uczymy się być pilotami, odkrywać zamknięte i otwarte drogi ścielące się przed nami. Oznacza to, że przecieramy swój szlak, patrząc na jeszcze nieprzejawione w naszym życiu szczególne właściwości otaczającego środowiska, „przypadki" tego świata podlegające regułom wyższego poziomu niż poziom człowieka i ludzkiej świadomości. To poziom ruchu i procesów myślowych rozumnego świata wokół nas.

Jeśli wykorzystać porównanie z człowiekiem porzucającym wózek inwalidzki, powiemy, że teraz nauczył orientować się na skrzyżowaniach, przechodzić przez nie lub też poruszać się inaczej i wykorzystywać swój wzrok oraz inne narządy zmysłów dla najlepszego uformowania swojej drogi.

Wydawałoby się, że nic więcej nie trzeba, że wszystko jest po prostu wspaniałe!

Jednak nie wszystko przebiega tak gładko, stąd konieczność opanowania drugiego etapu piątego stopnia. Tak, teraz możemy już żyć w Wielkim Świecie, poza granicami szpitalnych ścian możemy sami zmieniać świat wokół nas, możemy w nim tworzyć, ale przecież budynek szpitala, który opuściliśmy, stanowi swego rodzaju kolebkę, jest on domem rodzinnym, do którego przywykliśmy, w którym wyrośliśmy i którego duch tkwi w nas. Ten dom przez nas porzucony – to nic innego, jak budynek zbiorowej kultury ludzkości. A to oznacza, że stanowi on wiedzę zespołowej nieświadomości.

Tak, wyszliśmy poza ramy kulturowego kontekstu ludzkości. Opuściliśmy kolebkę. Przypominamy kosmonautę, który po raz pierwszy w historii wyszedł w przestrzeń kosmiczną. Wokół absolutnie nic nie ma. Nieznane, pustka, czarna otchłań. Jak to wszystko oswoić, jak się do tego przyzwyczaić – na razie nie wiadomo. Wiadomo natomiast, że do tego będzie potrzebna nowa wiedza i nowe nawyki – zupełnie inne niż te, które wykorzystywaliśmy na ziemi, w naszej kolebce. Będziemy musieli opanować tę nieważkość i całkowitą nieokreśloność oraz stworzyć z niej swój bliski, rodzinny dom. Powrotu do kolebki nie ma i nie będzie. Przecież nawet nie chcecie tam wrócić, prawda? I chociaż kosmos wydaje się niezamieszkany i nieprzytulny, to jednak jest bardziej interesujący – czy nie mam racji? Tak, jest bardziej interesujący, czeka tam na nas ogromna ilość nowych możliwości. To przejście z płaskiego, dwumetrowego i na dodatek czarno-białego świata w świat kolorowy, pojemny, z mnóstwem wymiarów. Pozostało tak niewiele – znaleźć właściwe klucze do tego świata. Stworzyć go.

O tym wszystkim, o szczególnych cechach sytuacji, w której znaleźliśmy się po opanowaniu pierwszego etapu piątego stopnia, porozmawiamy dokładnie w następnym rozdziale. Teraz czas na podsumowanie.

W pierwszej części piątego stopnia DEIR zaczynamy naukę korzystania nie ze zwykłych, bezpośrednio związanych ze społeczeństwem reguł otaczającego świata, ale z praw określanych przez informacyjno-energetyczną strukturę Wszechświata wokół nas.

JUTRZENKA TWÓRCZOŚCI

Rozpatrzmy teraz z różnych punktów widzenia: praktycznego, psychoenergetycznego i ewolucyjnego, w jakiej znaleźliśmy się sytuacji po opanowaniu pierwszej części piątego stopnia.

Po pierwsze, opanowaliśmy reżim strefowości.

Z praktycznego punktu widzenia oznacza to, że już możemy wykorzystać na swoją korzyść przypadkowość tego świata. Możemy podporządkować sobie powodzenie. Dzięki czemu i kosztem czego jesteśmy w stanie to osiągnąć?

Osiągamy to dzięki temu, że świat nie może zakłócać własnych praw. Jednym z tych praw jest prawo entropii. Dzięki niemu w świecie istnieje równowaga różnokierunkowych procesów, zarówno twórczych, jak i destrukcyjnych. Ile zostało stworzone, tyle samo musi ulec zniszczeniu. Oznacza to, że w świecie stale występują równe prawdopodobieństwa zdarzeń jednego i drugiego kierunku. Zdarzenia, które wydają się różne, w rzeczywistości są jednakowo prawdopodobne. Inaczej mówiąc, rzucając monetą wiemy, iż jest 50% szans, że wypadnie orzeł, i tyle samo – że reszka. Tego nie można zmienić – takie jest prawo życia. W skali światowej ilość zdarzeń zachodzących w jednym kierunku musi zgadzać się z ilością zdarzeń o kierunku przeciwnym.

Wydawałoby się, że nie można iść pod prąd, występować przeciw tej regule. Tak więc, zgodnie z tym prawem, na 100% zdarzeń przypadających w naszym życiu 50% powinny stanowić negatywne zdarzenia, a 50% – pozytywne. Czy tak? I tak, i nie tak. Dlaczego? Nasze życie to sprawa złożona i obiektywne prawa nie zawsze się w nie wpisują. Wkrótce pojmiemy, dlaczego tak się dzieje.

Wielokrotnie podkreślaliśmy, że w rzeczywistości w naszym życiu nie interesują nas fakty same w sobie, ale ich znaczenie. Znaczenie tego samego faktu dla różnych ludzi może być, i najczęściej bywa, całkowicie różne. Dobrze jest otrzymać 500 tysięcy dolarów? Czy jesteście pewni, że to na pewno dobrze? Czy to jest takie jednoznaczne? Tak myślał pewien zarozumiały Amerykanin – właściwie nie tylko myślał, ale gorąco o tym marzył. Pewnego razu w katastrofie lotniczej zginęła cała jego rodzina, a w dodatku spalił mu się dom – i oto dostał wymarzone przez siebie pieniądze – jako odszkodowanie. Myśl, jak wiadomo, jest materialna, dlatego z marzeniami trzeba uważać. Nie sadzę, żeby Amerykanin ucieszył się z urzeczywistnienia swojego marzenia...

Tak samo rzecz ma się z wszystkimi innymi faktami. Co dla Rosjanina jest dobre, dla Niemca oznacza śmierć, co dla Was jest korzystne, dla sąsiada oznacza kłopot itp. – sami rozumiecie.

Jeśli interesują nas nie tyle fakty, ile ich znaczenia, wtedy niech te 50% negatywnych rezultatów przypadnie – ale w odniesieniu do faktów dla nas nieistotnych. Poziom entropii nie będzie zakłócony, a my na tym dobrze wyjdziemy – 50% pozytywnych rezultatów w obszarach znaczących z nadwyżką rekompensuje 50% niepowodzeń w obszarach nieistotnych! Nieważna jest dla Was wygrana w totolotka – i dobrze, nie wygrywajcie, nie trzeba, niech te 50% niepowodzenia w życiu przypadnie właśnie na loterię. Pozostałe 50% – 50% powodzenia – będziecie mogli skierować na obszary znaczące, ważne, np. życie rodzinne czy karierę. Trzeba tylko umieć prawidłowo rozłożyć powodzenia i niepowodzenia na tych obszarach! To już opanowaliśmy na pierwszym etapie piątego stopnia.

Nie dość na tym. Sami nauczyliśmy się zmieniać znaczenia faktów, nadając im pozytywny sens nawet wtedy, gdy w stosunku do tych faktów nie jest nam ani źle, ani dobrze, ani nas one ziębią, ani parzą. Po co to było potrzebne? Po to, by trochę obejść prawo. Nadajemy mało istotnym dla nas faktom dobre znaczenie i podtrzymujemy je, niezależnie od wynikającego z tychże faktów rezultatu – dobrego czy złego. To znaczy, jakby oczekujemy od faktu, że będzie „dobry", a on okazuje się „zły", niekorzystny. Ilość rozbieżności w stosunku do naszych oczekiwań rośnie. To tak, jakby rosło naprężenie w sprężynie – ponieważ ilość rozbieżności zaczyna przewyższać średnią statystyczną.

Można powiedzieć, że nie mamy szczęścia, że jakby nam się nie powodziło. Jednak w rzeczywistości to tylko gra – przecież jedynie „bawimy się", że fakty te są dla nas ważne. Podam przykład – gramy w to, że powinniśmy wygrać w totolotka – nadajemy wygranej znaczenie „dobrze" i wciąż na nowo gramy, próbując wygrać. Ale nie potrafimy. W ten sposób gromadzimy dużą ilość niepowodzenia w obszarze, który w rzeczywistości nie jest dla nas ważny – przecież tylko sprawialiśmy wrażenie, że jest ważny. (O tym, dlaczego drobne wydarzenia są dla nas nieistotne, szczegółowo opowiada podręcznik „Terapia prawdziwej karmy"). Jednak w wyniku tego przedsięwzięcia stopień powodzenia tylko rośnie – rośnie w obszarach, które dla nas rzeczywiście są ważne!

Gdy znajdujemy się w obszarze naprawdę dla nas ważnych zdarzeń, niemożliwością jest zachować niczym niezakłócony spokój. Trudno udawać, że to, co jest istotne, w rzeczywistości istotne nie jest. Jeśli coś tu się nie udaje, nie możemy przydawać tym czynnikom znaczenia „dobrze", musimy jednoznacznie ocenić je jako „źle". Wtedy staje się cud. Sprężyna entropii naciągnięta przez ilość braku zbieżności z naszymi oczekiwaniami zaczyna się skracać. Wahadło jakby przechyliło się w drugą stronę – wzrasta ilość pozytywnych znaczeń faktów i zdarzeń! Zaczynamy odczuwać powodzenie w obszarze znaczącym. Pojawia się strefowość – płacimy niewielkimi zmartwieniami, przykrościami za blask wielkiego powodzenia. Przykład: kobieta sto razy przegrała na loterii, ale potem – bardzo korzystnie wyszła za mąż! Nawiasem mówiąc, ta reguła ma swoje przełożenie na powiedzenie: „Kto nie ma szczęścia w kartach, ten ma szczęście w miłości".

Z psychoenergetycznego punktu widzenia osiągnęliśmy to, przesunąwszy centralny punkt naszej świadomości – punkt ja jestem – do obszaru przestrzeni wirtualnej, gdzie znajduje się znaczenie „dobrze". Jednym słowem, zmieniliśmy konfigurację, tworząc tym samym dla siebie rytm i amplitudę pożądanego powodzenia i niepowodzenia.

Z ewolucyjnego punktu widzenia po raz pierwszy wykorzystaliśmy informacyjny poziom Wszechświata, żeby na podstawie reguł nim rządzących stworzyć sobie swego rodzaju filtr czy też „otoczkę" następnego poziomu przepuszczającą do nas tylko te nieprzyjemności, na które możemy sobie pozwolić. Jest to krok w stronę adaptacji pozwalający na przeżycie na nadsocjalnym poziomie.

Kontynuujemy podsumowanie opanowania pierwszej części piątego stopnia.

Po drugie, nauczyliśmy się określać charakter stojących przed nami dróg: zamkniętych i otwartych.

Z praktycznego punktu widzenia daje to możliwość wcześniejszego określania ilości wysiłku, który przyjdzie nam włożyć, aby osiągnąć określony cel, a także określania wykonalności lub niewykonalności – braku osiągnięcia postawionego zadania.

Dzięki czemu osiągnęliśmy to wszystko? Znowu wykorzystaliśmy fakt, że nasze życie jest rezultatem relacji ze światem zewnętrznym. To znaczy, że dla jakości życia nie jest ważny sam świat zewnętrzny, taki jaki jest, ale nasze postrzeganie tego świata, zbieżność naszych oczekiwań z tym, co ten świat wewnętrzny daje w odpowiedzi na oczekiwania. Pamiętajmy, że dla nas ważne są nie fakty same w sobie, ale znaczenie tych faktów – nasze znaczenie, własne, subiektywne. To znaczenie jest określane przez nasze pragnienie, a pragnienie – przez wybór. Wybór zależy od znaczenia przedmiotu, w stosunku do którego mamy pewne oczekiwania.

Mogliśmy wykorzystać część świata zewnętrznego, który od nas nie zależy – właśnie ów system testowy – przenieść na niego znaczenie przedmiotu, w stosunku do którego chcemy przeprowadzić badania, wybrać oczekiwane znaczenie i zobaczyć, w jakim stopniu zachowanie przedmiotu będzie zbieżne z naszym oczekiwaniem.

Z psychoenergetycznego punktu widzenia pomógł nam w tym nawyk pracy z przestrzenią wirtualną, a mianowicie – możliwość pełnego i adekwatnego przeniesienia znaczenia na przedmiot świata zewnętrznego (analogicznym przykładem posłużyliśmy się przy tworzeniu energoinformacyjnych mechanizmów – pomocników, co zostało opisane w podręczniku „Technika ożywienia przedmiotów").

Z ewolucyjnego punktu widzenia po raz pierwszy aktywnie zjednoczyliśmy wirtualną przestrzeń swojej świadomości z elementem zewnętrznym w stosunku do świadomości świata. To przełomowy, rewolucyjny krok, ponieważ przed nim świadomość człowieka obiektywnie i fizycznie ograniczała się do objętości jego czaszki oraz przestrzeni wyobrażeń. Teraz świadomość przystąpiła do analitycznego, bezpośredniego poznania świata – do bezpośredniego z nim oddziaływania, bez użycia mięśni. Wcześniej świadomość bazowała na strukturach mózgu – teraz opanowaliśmy sposób, dzięki któremu może opierać się na nienależących do ciała elementach otaczającego świata.

Zastanówmy się, czy nakreśliliśmy dostatecznie wyczerpujący obraz? Czy nawyki opisane wcześniej wystarczą do tego, by z powodzeniem opanować nowy etap ewolucji i wzmocnić swą w nim pozycję – w tej nowej fazie dalszego energoinformacyjnego rozwoju?

Oto nasze środki, za pomocą których opanujemy nadsocjalny poziom świata: filtr w celu przyciągnięcia powodzenia i lokator w celu wyliczenia obrania najlepszej drogi.

Oznacza to, że jesteśmy chronieni i możemy wybrać swoją drogę. Cóż jednak wiemy o samej drodze?

Przypomnijmy sobie wszystkie opanowane stopnie DEIR. Czy nie wydaje Wam się, że pierwsza część piątego stopnia bardzo przypomina pierwszy stopień nowego poziomu? Tak jest istotnie – przecież rozwój zawsze przebiega spiralnie. Po pierwszym stopniu nastąpił drugi. A podręcznik poświęcony drugiemu stopniowi mówił, że w celu aktywnego doskonalenia się potrzebne są dwie rzeczy: zrozumienie tego, dokąd iść, oraz nauczenie się, jak to robić.

Na pierwszym stopniu DEIR określaliśmy, jak dalej powinniśmy poruszać się w społeczeństwie.

Na pierwszym etapie piątego stopnia określiliśmy, dokąd powinniśmy iść w sferze nadsocjalnej.

Na drugim stopniu DEIR poruszaliśmy się po nowych drogach w społeczeństwie, przy czym robiliśmy to z łatwością: przecież realizowaliśmy najbardziej pożądane, upragnione socjalne instrukcje wzajemnego oddziaływania ze światem. Przekształcaliśmy przecież logicznie, świadomie pielęgnowaną przez nas ideę na język zrozumiały dla podświadomości oraz sprawdzaliśmy jej zgodność z własnymi wewnętrznymi pragnieniami – po prostu sprawdzaliśmy jej prawdziwość.

W ten sposób nie tworzyliśmy nowej idei-myśli i nie wykorzystywaliśmy nowej motywacji – sprawdzaliśmy, w jakiej postaci usatysfakcjonuje nas przyszła, socjalna możliwość z nową motywacją. Co oznacza tu słowo „przyszła"? Oznacza, że sama możliwość – przejawiająca się np. myślą: „kupię sobie rower" – posiadała już znaczące zabarwienie społeczne („dobrze jest mieć rower"), a zatem posiadała także potencjalną wartość emocjonalną („fajnie będzie mieć rower"). Określaliśmy tylko to, czy rzeczywiście chcemy kupić rower i jaki miałby być. To znaczy, że sprawdzaliśmy, czy naszą myśl „popierają" emocje, tj. czy będziemy usatysfakcjonowani, gdy myśl się urzeczywistni.

Wszystko to dotyczyło drugiego stopnia. Drugi etap piątego stopnia jest bardziej złożony. Przed nami nowe drogi. Jednak tu, w odróżnieniu od drugiego stopnia, zdarzenia, zjawiska, osiągnięcia będące przed nami nie posiadają żadnego znaczącego przyszłego zabarwienia pod względem socjalnym! Nie ma także żadnej motywacji, żadnego emocjonalnie znaczącego zabarwienia, które byłoby przed nami. Chyba zgodzicie się, że to, co nie posiada socjalnie znaczącego zabarwienia, nie powoduje też pragnienia, by to coś otrzymać. Jeśli najpiękniejsze w świecie futro wiszące na wystawie ekskluzywnego sklepu nie powoduje w nas żadnych emocji, to nie przyjdzie nam do głowy myśl o jego kupnie. Jeśli pozostajemy obojętni na wdzięki gwiazdy konkursu piękności, to nie będziemy dążyć do tego, by zawrzeć z nią znajomość, ani, tym bardziej, by się z nią ożenić. Wszystko to jest jasne i proste. Ważne jest tylko to, co ma dla nas wagę emocjonalną, co jest emocjonalnie znaczące. Jeśli nic w życiu nie budzi naszych emocji, nigdy nie ruszymy z miejsca – po prostu zatrzymamy się w rozwoju.

Na drugim stopniu wszystko było w porządku pod względem emocjonalnych znaczeń – w wystarczającym stopniu stymulowaliśmy nasz ruch naprzód, ku nowym zwycięstwom. Na drugim etapie piątego stopnia kwestia emocjonalnych znaczeń jest bardziej złożona. Dzieje się tak dlatego, że w tej dziedzinie człowiek nie ma dużego doświadczenia – na tym polu jest pionierem. Ludzie w ogóle nie wiedzą, co tam, w nadsocjalnym obszarze, może spowodować jakieś emocje.

Wobec tego, żeby zechcieć dalej poruszać się do przodu w doskonaleniu się, powinniśmy nauczyć się sami tworzyć niezależną motywację, posiąść umiejętność samodzielnego tworzenia – przydawania dla siebie emocjonalnego znaczenia różnym zjawiskom i obiektom. Właśnie – powinniśmy tworzyć tę emocjonalną ważność, ponieważ wcześniej, przed nami, to emocjonalne znaczenie nie istniało!

Co może być istotne, znaczące, ważne w warunkach całkowitej wolności, bezgranicznej przestrzeni działania, tam, gdzie nie ma żadnych przeszkód i ograniczeń? Wydawać by się mogło, że – dokądkolwiek pójdziemy – będziemy mieć przed sobą przestrzeń i wolność. Zatem, jaka to różnica, w którą stronę się skierujemy? Iść przecież trzeba, w przeciwnym razie utknie się w miejscu. Wyjście jest jedno – trzeba stwarzać nowe znaczenia. Tylko w ten sposób można poruszać się naprzód w warunkach całkowitej wolności. Jest to pierwsze z zadań stojących przed nami – zadanie niezwykle ważne pod względem istoty i znaczenia.

Dopiero wtedy, gdy uporamy się z tym problemem, gdy naszej drodze nie będą towarzyszyć motywacje wypracowane przez społeczeństwo, ale nasz własny potencjał emocjonalny, możemy efektywnie zastosować nowe możliwości oddziaływania na świat myślą.

Będzie to możliwe dlatego, że siła, którą otrzymaliśmy, łącząc naszą świadomość ze światem – zewnętrznym w stosunku do naszego ciała – zostanie ukierunkowana. Wtedy możemy już na zawsze umocnić się na nowym etapie ewolucyjnym – żyć na nim, a nie tylko patrzeć na niego z okien swojej świadomości.

Być może, wszystko to na pierwszy rzut oka wyda się zbyt trudne, a nawet oderwane od tego życia, które zwykło się nazywać „realnym" czy „ziemskim". Jednak po zastanowieniu się nad naszą wewnętrzną sytuacją po opanowaniu pierwszego etapu piątego stopnia, niemożliwe stanie się zaprzeczenie temu, co oczywiste.

Nawiasem mówiąc, właśnie tę szczególną cechę swego stanu zauważa mnóstwo czytelników i słuchaczy kursów – przysyłają listy, kontaktują się z nami telefonicznie. Wolność – tak, uskrzydlenie dzięki posiadaniu nowych możliwości – jak najbardziej. Gdy jednak powstaje pytanie: dokąd iść dalej i jak to robić – odpowiedzi nie są już takie jasne, ponieważ na naszym obecnym poziomie wszystkie dawniejsze ziemskie znaczenia nagle stają się mało ważne, nieistotne, a wszystkie możliwości otwierające się przed nami są dla nas równoznaczne. Przebywając na drugim etapie, mogliśmy jeszcze dążyć do czegoś ważnego pod względem socjalnym: mogliśmy np. pragnąć zmienić się z kury domowej w gwiazdę estrady – i osiągnąć to. Teraz nie ma to już dla nas żadnego znaczenia, nieistotne jest, czy będziemy gospodynią domową, czy też gwiazdą, ponieważ w nadsocjalnej sferze to już na nic nie wpływa, a nasze możliwości w żadnym razie nie są reglamentowane. Wobec tego, co teraz robić, dokąd iść? Co robić, jeśli przemierzyliśmy już wszystkie socjalne ścieżki i w tej wędrówce osiągnęliśmy szczyty, a teraz chodzenie po tych śladach nie jest już dla nas interesujące? Dokąd teraz iść w sferze nadsocjalnej, jeśli brak w niej punktów orientacyjnych i nie ma znaczeń?

Co odczuwamy po pierwszym etapie piątego stopnia? Wszystko wydaje się wspaniałe –wiedzie nam się w sprawach istotnych, możemy obrać najlepszą dla siebie drogę, energii mamy pod dostatkiem, możemy ufać intuicji, cechuje nas twórcze podejście... Wszystko to mamy, ale nie chce nam się działać. Dlaczego? Z powodu braku zainteresowania.

Czy rzeczywiście osiągnęliśmy wiele po przejściu pierwszego etapu piątego stopnia? Czy zrealizowaliśmy wszystkie swoje możliwości? Czy może mamy poczucie braku, niepełnej realizacji? Myślimy: „Ech, gdybym miał dwadzieścia lat i wiedział, potrafił tyle, co teraz... Zostałbym znanym pisarzem, może reżyserem, pracowałbym w Holywood, ożeniłbym się z Demi Moore lub z Miss Świata – tak, czuję w sobie siły, by to osiągnąć, tylko teraz – po co mi to?”. Do czego zatem potrzebny mi jest ten kolosalny potencjał? Co mam z nim począć?

Tak, osiągnęliśmy wiele, jednak, biorąc pod uwagę poziom swoich nowych możliwości, swój nowy potencjał, te osiągnięcia mogłyby być o wiele, wiele większe!

Po pierwsze, bardzo wielu rzeczy chciałoby się szybciej w trybie warunkowym. Co to znaczy: poznałem pragnienie i odłożyłem je, schowałem głęboko do skrzyni? Zrobić mogę, ale nie robię?

Dlaczego? Ponieważ myśl pochodziła ze spisu socjalnego zdania warunkowego. Ponieważ naprawdę mamy wystarczająco dużo siły, by osiągnąć ten cel, przy czym jego osiągnięcie będzie dla nas niezwykle proste. A przecież to, co przychodzi z łatwością, nie jest ciekawe. Cel nie jest oryginalny, a w dodatku jest łatwo dostępny – po co wobec tego tracić na niego czas. Przecież nie ceni się tego, co przychodzi z łatwością.

Nawet wtedy, gdy woda dla niektórych ludzi jest na wagę złota, gdy chronią ją i gromadzą, gdy biją się o nią, to człowiek mający jej pod dostatkiem (mieszka nad brzegiem czystej, niewysychającej rzeki), nie będzie kumulował jej w cysternach. Po co, jeśli w każdej chwili może zużytkować jej tyle, ile zechce.

Nasza podświadomość jest bardzo pragmatyczna. Nie będzie robić zapasów, jeśli z łatwością, w każdej chwili możemy osiągnąć jakiś cel. Podobnie zachowuje się człowiek posiadający kartę kredytową – nie przechowuje w kieszeniach dużej sumy pieniędzy. Dlatego ta kategoria celów jest osiągana dokładnie w tym stopniu, w jakim jest podświadomie niezbędna.

Po drugie, pewnych rzeczy po prostu się nie chce. Najzwyczajniej w świecie się nie chce – pewnie korzystnie wyszłoby się na osiągnięciu tego celu, może nawet byłoby to ciekawe, ale – brak chęci.

I właśnie na ten „brak chęci" należałoby zwrócić szczególną uwagę. To „niechcenie", ten „brak chęci" jest pewnym dowodem na to, że po raz pierwszy spotkaliśmy cel należący już do następnego poziomu ewolucyjnego.

Do tej pory każdy cel, który stawialiśmy przed sobą, posiadał potencjalną znaczność emocjonalną, wagę – jednak waga ta była określana przez społeczeństwo, jego kulturę. Cała trasa leżąca przed nami była jakby wcześniej oznaczona: bycie znanym i bogatym jest dobre – to powoduje pozytywne emocje, do tego trzeba dążyć; bycie biednym i nikomu nieznanym jest złe – tego należy się wystrzegać.

Teraz znaleźliśmy się na nowym gruncie, na którym wcześniejsze znaki nie działają lub są błędne. Kto powiedział, że w sferze nadsocjalnej ważne i dobre jest bycie znanym, sławnym? A może właśnie odwrotnie – im mniej ludzi Cię zna, tym dla Ciebie lepiej, tym wyższy poziom Twojej wolności! Pamiętajmy, że stare znaki drogowe pozostały w poprzednim, dawnym życiu, tutaj, na nowym poziomie nie sprawdzają się.

Musimy teraz te „znaki drogowe" tworzyć samodzielnie, a wraz z nimi trzeba tworzyć wewnętrzną ważność znaczeń zjawisk, zdarzeń i faktów dla siebie, indywidualną ważność znaczeń, niemającą nic wspólnego z socjalnymi wyobrażeniami na jakiś temat.

Po trzecie, dlaczego nasze osiągnięcia mogłyby być większe, ale nie stają się takie po pierwszym etapie piątego stopnia? Wielu zwróciło uwagę na fakt, że myśli, rozprzestrzenione przez nas na zewnątrz, w świat, wyostrzone przez nawyki pięciu stopni DEIR (niektórzy już wykorzystali powolne myśli – zajęcia praktyczne w tym kierunku prowadzone są na dziennych kursach piątego stopnia DEIR), posiadają realną zdolność oddziaływania na świat; jednak problem w tym, że nie zawsze działają. Oznacza to, ze czasami możemy wpłynąć na zdarzenie i wtedy przebiega ono dokładnie według naszego planu, a czasami – nie... Dlaczego tak się dzieje?

U podstaw wszystkiego leży ta sama przyczyna – brak emocjonalnych znaczeń! Praktycznie niemożliwe jest ukierunkowanie myśli

Rys. 12. Emocje są niczym światło – odsłaniają realia otaczającego świata. Jednak wokół rozpościera się bezkresny, nieoswojony świat.

nieposiadających emocjonalnego podtekstu. Przecież nasze emocje zaktywowane ważnością celów stanowią oś, są rdzeniem utrzymującym całą konstrukcję myśli. To po pierwsze.

Naturalnie, istnieje jeszcze jedna przyczyna. Nawet wtedy, gdy z sukcesem naprowadzamy swoje myśli i mają one szansę wpłynęcia na zdarzenia świata, to nie jest powiedziane, że te myśli nie zetkną się w procesie swojej realizacji na sprzeczności z prawami realności. Na razie jeszcze nie studiowaliśmy tych praw – jednak istnieje wyraźny zestaw praw, które, przestrzegane, gwarantują sukces.

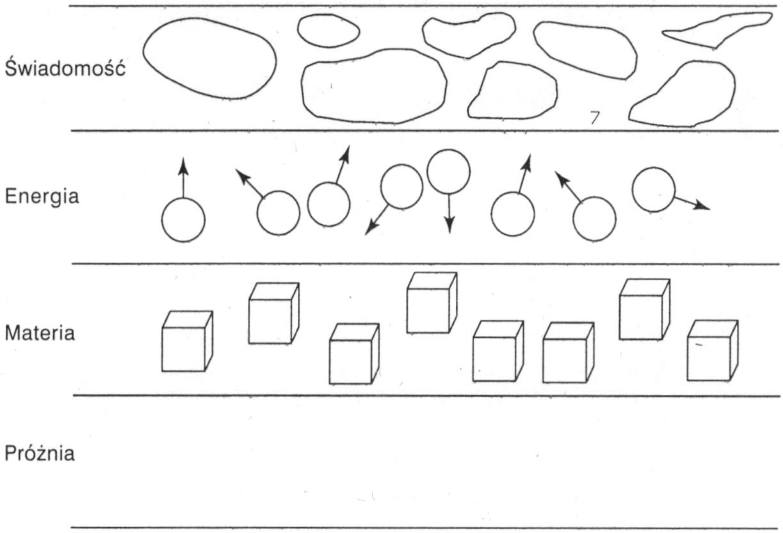

Rys. 13. Hierarchia świata. Świadomość Światowych Prądów i człowieka znajduje się na tym samym poziomie – dlatego między nimi możliwe jest oddziaływanie.

Teraz, zanim dokładnie rozpatrzymy zadania stojące przed nami, nazwiemy rzeczy po imieniu.

To, co stare, nie istnieje; nowego jeszcze nie ma. Aby móc żyć w warunkach nadsocjalnego etapu ewolucyjnego, powinniśmy rozwiązać problem wykorzystania własnych emocji dla stworzenia Sensu Drogi – ponieważ w sferze nadsocjalnej nie ma go kto stworzyć; w przeciwnym razie nie skierujemy myśli w twórcze łożysko. Emocje tworzą siłę potrzebną do zmian. Powinniśmy jeszcze opanować wiedzę umożliwiającą tworzenie nowego w świecie.

TWORZENIE – SENS I SIŁA

Oto teraz, po omówieniu sytuacji, w której się znaleźliśmy wraz z wejściem na nieosiągalny wcześniej poziom energoinformacyjnego rozwoju, przyszedł czas na rozmowę o tym, jak i wedle jakich praw możemy poradzić sobie ze stojącymi przed nami zadaniami.

Czego nam trzeba w tym życiu? Wolności, miłości, rozwoju dla siebie i swoich bliskich. Właściwie to wszystko. Tak niewiele! Wydaje się, że wraz z osiągnięciem tego wszystkiego człowiek się uspokoi i więcej nic mu nie będzie potrzebne. Niestety, jest tu pewien kruczek: w naszym świecie niemożliwe jest osiągnięcie czegoś raz na zawsze i związane z tym uspokojenie. Dlaczego tak się dzieje? Otóż, gdy tylko decydujemy, że osiągnęliśmy coś już na zawsze, wtedy właśnie nasze osiągnięcie rozpada się w proch. Życie nie pozwala na to, byśmy po osiągnięciu czegoś uspokoili się – zmusza nas, by wciąż podejmować nowe wyzwania, dążyć do nowych osiągnięć. Powinno być rozwojem, ruchem – tylko wtedy przynosi radość. Stagnacja wszystko niszczy. Zatem życie – to droga. W przeciwnym razie nie miałoby ono sensu! Popatrzcie na ludzi, którzy przestali się rozwijać – gwałtownie ulegają degradacji. A to oznacza, że w życiu są tylko dwie drogi: naprzód lub do tyłu, czyli, innymi słowy: w górę lub w dół; stanie w miejscu jest niemożliwe, a zatrzymanie się – to zsuwanie się po równi pochyłej. Dlatego nie ulegajcie iluzji, że oto, po osiągnięciu czegoś, uspokoicie się, gdyż już nie będziecie mieli co robić. Jeśli tak będzie – to życie się skończy. Życie trwa tak długo, jak długo istnieje ruch naprzód. Po osiągnięciu pewnego poziomu rozwoju otworzą się przed Wami nowe horyzonty – poziom, do którego znów trzeba dążyć. To zjawisko w pełni normalne, tak powinno być przez całe życie. A życie na każdym nowym etapie – to torowanie sobie drogi naprzód.

Skoro tak się sprawy mają, rozważmy kwestię sensu drogi. Kiedy nabieramy ochoty, by kroczyć jakąś drogą – jakąkolwiek, czy tą wiejską, czy drogą swego życia? Wtedy, gdy przed nami jest coś interesującego, gdy mamy przed sobą cel. W osiągnięciu tego celu powinniśmy być zainteresowani szczerze, powinniśmy zaangażować w to całe serce, wszystkie swoje myśli. Istotę tego bardzo dobrze oddaje zasłyszane kiedyś zdanie: „W realizacji każdej sprawy niezbędne jest osobiste zainteresowanie" (prawdę mówiąc, słowa te dotyczyły stosunku naszych przypuszczalnie bezinteresownych parlamentarzystów, co trochę mnie zdumiewa i wprawia w zakłopotanie, ale cóż...).

Autor tego zdania ma całkowitą rację. My teraz też musimy znaleźć to osobiste zainteresowanie w celu kontynuowania naszej podróży – naprzód i w górę. A to może okazać się na pierwszy rzut oka nie takie łatwe.

Od razu wyjawię Wam tajemnicę: w rzeczywistości sytuacja, w której teraz jesteśmy, jest stosunkowo prosta, jednak wydaje się złożona właśnie dlatego, że w życiu codziennym praktycznie nie istnieje. Właściwie nigdy się z nią nie spotykamy. Dlaczego? Ponieważ praktycznie nikt z ludzi nie wstępował we wzajemne relacje z nadsocjalną częścią świata tak szybko, jak to zrobiliśmy my. Jednostki, którym wcześniej (przed nami) udało się to osiągnąć, wchodziły na nowy poziom wyposażone w kolosalne doświadczenie, mądrość i wiedzę. Wiedzieli, co mają robić.

Wyprzedziliśmy je. Można powiedzieć, że ich długą drogę przeszliśmy eksternistycznie. Dlatego musimy dołożyć szczególnych starań, jeśli chcemy się utrzymać na nadsocjalnym etapie rozwoju. Nie będziemy się teraz skupiać na radykalnych różnicach energoinformacyjnych między człowiekiem, który opanował DEIR, a zwykłym człowiekiem. Potraficie sobie to przecież wystarczająco dobrze wyobrazić. Przed nami inne zadanie – musimy przeanalizować procesy innego poziomu.

W istocie, nie robimy tu razem nic innego, tylko dorastamy, przy czym nie w sensie fizycznym, a energoinformacyjnym. Dlatego zastanówmy się, co dzieje się w trakcie dorastania oraz czym różni się człowiek dorosły od dziecka. W charakterze modelu wykorzystajmy proces zmieniania się dziecka w dorosłego. Jeśli wziąć pod uwagę podstawy biologii ewolucji, to ontogeneza (rozwój osobniczy) stanowi krótką powtórkę filogenezy (rozwoju rodowego). Nasze wspólne dorastanie w aspekcie energoinformacyjnym to nic innego, jak dorastanie samego gatunku nazwanego człowiekiem. To dorastanie gatunku, który w swych podstawowych etapach powtarza procesy dorastania każdego osobnika.

Jak wobec tego dorasta dziecko? Jak dorasta cały ludzki gatunek?

Dziecko poznaje świat poprzez zabawę. W zabawie przechodzi sytuacje, które spotyka lub może spotkać w dorosłym życiu. Zabawa jest swego rodzaju repetycją przyszłego życia. Poprzez zabawę dziecko uczy się relacji z otaczającym światem, sprawdzając w ten sposób prawidłowość, słuszność wskazówek – instrukcji zachowania w tym świecie otrzymanych przez dorosłych – przede wszystkim od rodziców, a w ich osobach – od całej kultury. Zabawki są symbolami określonych przedmiotów, zjawisk, obiektów i ludzi, z którymi dziecko zetknie się w dorosłym życiu. Lalka Barbie, figurka strażaka, autko, parowóz, pistolet... – to modele życiowych realiów przeznaczone do „treningu" przyszłych działań w realnych warunkach.

Zauważmy, że dziecko posiada swoje energoinformacyjne odczucie świata. Ma także własne skłonności do czegoś i fascynacje w tym świecie. Dla niego jego własny świat jest interesujący i ważny, niezależnie od stosunku społeczeństwa do tej kwestii. Jednak instrukcje dostarczane dziecku (wraz z dorastaniem) przez społeczeństwo wymagają jego włączenia się w określone socjalne gry. Zaś istotą tych socjalnych gier jest aprobata siebie, upewnienie się co do ważności własnej osoby oraz wszystkiego, co posiada i co ją otacza. W rezultacie proces poznania świata w miarę dorastania przechodzi bardzo interesującą transformację. Najpierw dziecko bez sprzeciwu przyjmuje świat takim, jakim jest – jak coś, co po prostu istnieje – i to wszystko. Jest to najczystsze, najbardziej bezpośrednie, dziecięce postrzeganie świata: kotek mówi „miau", piesek woła „hau – hau", mama myje okna, a tata chodzi do pracy – nie ma w tym nawet cienia osądu, nie ma tu mowy o żadnych tzw. dorosłych gierkach. Nieco później socjalne instrukcje zaczynają wymagać od dziecka aprobaty, potwierdzenia ważności swego świata. W tym celu powinno ono rzucić swego rodzaju wyzwanie otaczającemu światu i udowodnić, że posiada coś, czego nie mają inni: „A mój piesek jest ładniejszy, ponieważ wygrał konkurs – wystawę psów", albo: „Moja mama jest ładniejsza niż twoja" czy też: „Jestem lepszy, bo mam same piątki".

Należy nadmienić, że te, znaczące pod względem socjalnym, kryteria są błędne. Przecież fakt, że ktoś ma same piątki, nie jest równoznaczny z tym, że jest doskonały we wszystkich dziedzinach. Wśród ludzi w ogóle nie ma „lepszych" i „gorszych", taki system oceniania jest wadliwy. Piesek dla kochającego go właściciela jest najcudowniejszym zwierzątkiem na świecie nie dlatego, że zwyciężył w jakimś konkursie, ale po prostu dlatego, że jest taki kochany i jedyny, nawet wtedy, gdy okazuje się być zwykłym kundlem. Dlatego też wszystkie socjalne gry w „lepszy" – „gorszy" są pozbawione sensu.

Tym niemniej, przyjęcie przez dziecko tej socjalnej gry przekłada się na jego gotowość wstąpienia w świat dorosłych.

Czym różni się świat dorosłych od świata dziecka?

Tym, że człowiek dorosły posiada już pewną możliwość wyboru (nawet wtedy, gdy ten wybór jest iluzoryczny) – z wielu socjalnych instrukcji wybiera te, które mu się najbardziej spodobają, czyli takie, które pozwalają osiągać cele znaczące coś dla niego pod względem emocjonalnym. Tak oto człowiek określa, jaką socjalną instrukcję wypełni, żeby ruszyć w odpowiednim kierunku (doskonale zdajemy sobie sprawę z tego, że nie ma tu prawdziwej wolności wyboru z powodu działania energoinformacyjnych pasożytów; w rzeczywistości to właśnie one popychają człowieka ku określonym wyborom, zatem życie ludzkie przypomina zabawę klockami lego, która wydaje się mieć wiele wariantów twórczości własnej, a jednak, mimo wszystko, ta ilość wariantów jest ograniczona i wcześniej ustalona). Jednak mimo to człowiek może wybrać jakąś drogę – zostać strażakiem lub lekarzem czy też bezmyślną Barbie; kupić samochód albo rower, założyć rodzinę lub pozostać kawalerem...

Różnica jest jasna: dziecko ma tylko dane socjalnych instrukcji, niezmienny ich nabór, określany przez dorosłych. Dzieci, w istocie, są pozbawione wyboru – ten miał miejsce już wcześniej – dokonało go wiele pokoleń ludzi żyjących przed nimi: ucz się chodzić, mówić, czytać, liczyć i pisać, idź do przedszkola, potem do szkoły – tu nie ma nawet iluzorycznej swobody wyboru, zestaw instrukcji jest bardzo sztywny. Dorosły ma natomiast do swojej dyspozycji wszystkie instrukcje świata, lub, ostatecznie, kultury, z której się wywodzi. Może wybrać spośród tych przetartych już dróg tę, która najbardziej mu odpowiada, chociaż wybór powiązany jest z działalnością energoinformacyjnych pasożytów. Dzieci nie mają możliwości dokonywania wyborów, ani takiej konieczności – dorosły ma taką możliwość i jest ona dla niego niezbędna.

Zatem dorosłość – to możliwość wyboru drogi.

W jaki sposób urzeczywistnia się ten wybór, jak go dokonujemy? Wielokrotnie podkreślaliśmy, że wyborem tym kierują energoinformacyjne pasożyty. Jednak takich pasożytów jest dużo, podobnie jak i dróg, po których prowadzą ludzi. Dlaczego człowiek wybiera

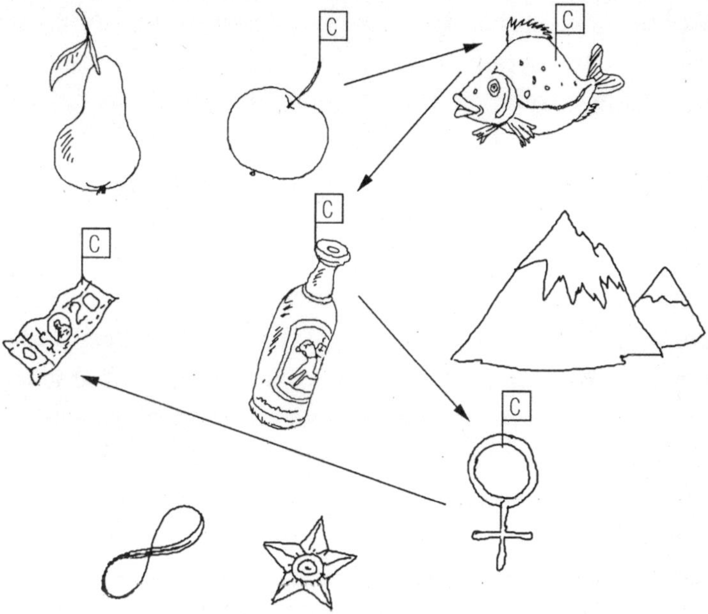

Rys. 14. Dorastanie – to tylko poznawanie socjalnych wartości. Z następstwem błądzenia między nimi.

określoną drogę: jeden – taką, a drugi – inną? Dlaczego jeden trafia we władanie pewnego energoinformacyjnego pasożyta, a drugi dostaje się pod wpływ innego? Dlaczego jeden człowiek znajduje się we władzy egregora pieniędzy, a drugi – egregora wojny? Albo inny (lżejszy) wariant wyboru: jeden oddaje się egregorowi dziennikarstwa, drugi – egregora medycyny?

Odpowiedź jest prosta: wybór wiąże się z osobistymi cechami człowieka, z jego własną chęcią, by obrać określoną drogę.

Czy takie osobiste zainteresowanie dokonaniem tego czy innego wyboru przejawia każdy człowiek? I, co nie jest bez znaczenia, co człowiek otrzymuje, dokonując określonego wyboru i realizując go?

Zacznijmy po kolei. Już sam wybór jest bardzo interesującą kwestią. Od czego zależy? W naszych racjonalnych czasach wielu ludzi sądzi, że większość z nas dokonuje wyboru, wszystko sobie kalkulując – tzn. człowiek dokonuje wyboru w zależności od okoliczności, w których się znalazł, i robi to, by osiągnąć cel jak najmniejszym kosztem.

Oczywiście, zdarzają się sytuacje, gdy młode dziewczyny prą do zamążpójścia z „nowym ruskim" w nadziei zapewnienia sobie dobrego, wygodnego życia; absolwenci szkół średnich chcą studiować na kierunkach gwarantujących dobrze płatną i prestiżową pracę itd. Swoją drogą, wiele mówiąca mogłaby okazać się informacja, czy ci, którzy kierowali się w swym wyborze kalkulacją, wyrachowaniem, są zadowoleni ze swojego życia. Najczęściej – nie. Ale to już temat na inną rozmowę.

Teraz rozmawiamy o zwykłej statystycznej większości, która w żadnym razie nie przejawia patologicznego wyrachowania. Zauważcie, ilu ludzi, utyskując na złą sytuację materialną, mimo wszystko nie stara się zmienić pracy na lepiej płatną. Tak, narzekają na życie, płaczą, zapewniają, że los obchodzi się z nimi niesprawiedliwie i stale oddają się marzeniom niemającym szans na spełnienie, np.: „Och, jeśli pracowałbym w banku..." czy: „Oczywiście, gdybym nie była zwykłą nauczycielką, a pracowałabym w firmie...".

Oto, co w tym wszystkim jest ciekawe: utyskując na życie i wygłaszając podobne stwierdzenia, ludzie ci nic nie robią w celu zmiany zawodu i tym samym polepszenia sobie statusu materialnego! Oto, jak się sprawy mają! Wydawałoby się, że wszystko jest takie proste: nie odpowiada ci zawód, zmień go, zatrudnij się w banku, zacznij robić coś innego...

Tymczasem ludzie nawet nie czynią takich prób. Chcieliby zmienić pracę – mówią o tym w trybie przypuszczającym, jednak faktycznie tego nie robią. Wszystko ogranicza się tylko do trybu przypuszczającego, do pobożnych życzeń, niewychodzących poza ramy czysto abstrakcyjnych, teoretycznych rozważań, z których nic nie wynika. I zapewniam, nigdy nie wyniknie.

Dlaczego? Dlatego, że w rzeczywistości tym ludziom ich położenie... się podoba. Zadowala ich, nawet jeśli sami sobie nie zdają z tego sprawy. W głębi podświadomości taki niedoszły bankier doskonale rozumie, że nigdy nie mógłby pracować w banku. Po prostu tam mu się nie spodoba! Nauczycielka też nie będzie zadowolona z żadnego innego miejsca pracy oprócz szkoły. I w głębi duszy doskonale to rozumie. Nigdy nie odejdzie ze szkoły, chociaż wszystkim wkoło rozpowiada, że tak nie można już żyć, że ta praca ją wykańcza, że dzieci są nie do wytrzymania, a grono pedagogiczne – koszmarne. Dzieje się tak, ponieważ ludzie ci nie są emocjonalnie zainteresowani wykonywaniem innej pracy. Podobnie rzecz się ma z człowiekiem, który tylko teoretycznie zazdrości np. pracującym w banku – brak w jego marzeniach emocjonalnej i duchowej treści, brak zaangażowania w to, żeby praca w banku była interesująca.

Co wobec tego jest ważne przy dokonywaniu wyboru? Czy chłodna kalkulacja, czy zainteresowanie? Odpowiedź jest tylko jedna – zainteresowanie. Bez tego nie będziemy w stanie nic zrobić, nie kiwniemy nawet palcem. Jeśli treść pracy, która jest materialnie korzystna, nie powoduje zainteresowania, człowiek będzie wolał zarabiać mniej, niż robić to, co go nie interesuje, co nie jest „jego".

Okazuje się, że człowiek praktycznie nie jest zdolny do jakiegokolwiek ruchu, jeśli ruch ten nie wiąże się dla niego z zainteresowaniem, z żadnymi emocjami!

Jeśli w celu otrzymania czegoś niezbędnego (tego, co rozum odbiera jako niezbędne) człowiek musiałby zrobić coś, co nie posiada emocjonalnego powabu, co nie jest atrakcyjne pod względem emocjonalnym, to najczęściej tego nie robi! Nie uczyni nawet najmniejszego ruchu w kierunku tego, jakoby koniecznego, celu – nie będzie mógł nawet w świadomości nakreślić swej drogi, jeśli nie odkryje na tej drodze „emocjonalnych zaczepów". A przecież każdy z nas posiada emocjonalnie ważne, znaczące wartości – dla niektórych atrakcyjna pod względem emocjonalnym będzie sława, popularność, wielbiciele; dla innych istotne będzie przytulne ciepło domowego ogniska, cisza i spokój. Mnóstwo utalentowanych ludzi pozostało niespełnionymi tylko dlatego, że popularność nie stanowiła dla nich żadnej emocjonalnej atrakcji. Sam znałem młodego, utalentowanego człowieka, który wiedział, że może zostać sławnym piosenkarzem. Tylko – po co, jeśli śpiewać można tak po prostu, zwyczajnie, dla siebie, przyjaciół i bliskich. A sława, wielbiciele, koncerty – to tylko niekończąca się bieganina, rwetes, zawracanie głowy. Nie, dla niego spokój był ważniejszy...

Nie będziemy dyskutować nad tym, czy ma rację, że pozbawia świat możliwości podziwiania jego talentu. Teraz przecież interesuje nas coś innego: najgenialniejsze zdolności i niebywałe możliwości nie są realizowane, jeśli człowiek nie ma emocjonalnego bodźca do ich realizacji.

Uprzedzę głosy sprzeciwu: jak to, przecież na świecie jest mnóstwo ludzi wykonujących pracę, która ich zupełnie nie interesuje, tylko po to, by mieć duże dochody, by utrzymać rodzinę... – czy tak nie jest?

Tak jest rzeczywiście, jednak proszę zwrócić uwagę, że w takim przypadku człowiek najczęściej nie postrzega swojej pracy jako nieinteresującej, na której mu nie zależy, ale – jako nieprzyjemną. Sądzi, że z powodu pieniędzy jest zmuszony zajmować się nieprzyjemną dla siebie pracą. Nie znaczy to jednak, że jest pozbawiony emocjonalnego zaangażowania w to, żeby wykonywać nieprzyjemne zajęcie. To emocjonalne zaangażowanie (choć zabrzmi to paradoksalnie) także występuje, chociaż nie leży w sferze zawodowej – ta wiąże się z pomyślnością jego rodziny. Pomyślność rodziny jest postrzegana jako sprawa nie tyle ważna emocjonalnie, ile przyjemna, powodująca dodatnie emocje. Te pozytywne emocje wiążące się z dobrobytem rodziny są silniejsze niż emocje związane z nieprzyjemną pracą. W imię większej emocjonalnej wartości człowiek składa w ofierze, poświęca tę mniejszą – i to wszystko. W rezultacie nawet nieprzyjemna praca daje pozytywny – znaczący pod względem emocjonalnym – rezultat: dobro rodziny.

Czy człowiek mógłby zatem zajmować się czymś dla siebie obojętnym w imię tego, co jest dla niego także obojętne? Nie, absolutnie nie. Podam przykład. Ktoś ma nieinteresującą pracę i sytuacja rodziny także go nie wzrusza. Po cóż mu więc taka praca? Lepiej poszukać czegoś interesującego dla siebie – oczywiście, zakładamy, że człowiek ten nie stoczył się, że zależy mu na sobie –w przeciwnym razie zapewne w ogóle by nie chciał pracować.

Jednak załóżmy (tylko tcorctycznic), żc ktoś zajmuje nieinteresujące go stanowisko, że właściwie sam nie wie, w imię czego próbuje pracować. Co otrzymamy? Nic. Ponieważ nie jest możliwe dobre wykonywanie pracy, do którcj odnosimy się obojętnie i która nie rokuje osiągnięcia celów znaczących pod względem emocjonalnym. Człowiek, o którym mowa, bardzo szybko zostanie zwolniony z pracy z powodu swej nieprzydatności. Nigdy nie będziemy mogli wykonywać pracy, jeśli nie jest dla nas w żaden sposób interesująca, jeśli nie widzimy żadnych korzyści z niej płynących, a pojęcie prestiżu nie jest znaczące pod względem emocjonalnym. Nie będzicmy jcj mogli wykonywać nawet wtedy, gdy stanowisko przez nas zajmowane jest niezwykle atrakcyjne w oczach innych ludzi, a wręcz całego społeczeństwa, nawet wtedy, gdy wszyscy zazdroszczą, mówiąc, jak bardzo nam się poszczęściło. Po prostu taka praca nie ma dla nas sensu. Bez zastanowienia odejdziemy z zajmowanego prestiżowego stanowiska, będącego obiektem zawiści innych ludzi, obserwując jednocześnie ich zdumione spojrzenia i pukanie się palcem w czoło. Cóż, każdy ma swoje racje, inaczej być nie może.

Możecie posiadać określone zdolności i możliwości – wszystko, co niezbędne do dokonania odkryć dziedzinie nauki i techniki, do stworzenia czegoś bez mała genialnego, nic jednak nie zwojujecie, jeśli emocjonalna ważność Waszego przyszłego odkrycia czy wynalazku oraz sam proces twórczości – dla Was – jest równy zeru.

Wniosek: dla powstania ruchu, rozwoju, potrzebne są dwa aspekty – bieguny: negatywny i pozytywny. Oznacza to, że powinniście przyjmować swój obecny stan negatywnie, nie akceptować go, a przyszły cel uważać za upragniony i atrakcyjny w sensie emocjonalnym. Ruch możliwy jest tylko między przeciwnymi biegunami: „przyjemnie" – „nieprzyjemnie". A to oznacza, że początek i koniec drogi muszą się zdecydowanie różnić od siebie – w sensie emocjonalnym. Bez tego świat wydaje się nudny, jednostronny, monotonny, taki, w którym nie istnieje żadna możliwość wytyczenia drogi i wkroczenia na nią, ponieważ nasza świadomość w danej sytuacji nie jest w stanie zorientować się, gdzie biegnie ta droga i czy w ogóle istnieje. Tylko emocje, niczym pochodnia, oświecają drogę człowieka; to one umożliwiają wkroczenie na drogę i poruszanie się po niej.

Cała ludzkość rozwija się w zasięgu potężnych emocjonalnych wektorów, to właśnie one zmuszają ludzi do tego, by żyć, walczyć, osiągać, doprowadzać do spełnienia... Należy podkreślić (o tym już mówiliśmy), że każdy z nas ma własne wektory: jednego do podróży po drodze działania zachęca obietnica sławy i właśnie ona jest dla niego emocjonalnym bodźcem; ktoś inny wyrusza w drogę zwabiony obietnicą spokoju i dobrobytu, które są ważne dlatego, ponieważ powodują pozytywne, przyjemne emocje... Krótko mówiąc, każdy dąży tam, gdzie, jak zakłada, będzie mu dobrze. A „dobrze" oznacza, że tam, dokąd dąży, czekają na niego pozytywne emocje. Jednak pojęcie tego, co znaczy „dobrze", tego, co powoduje pozytywne emocje, dla każdego człowieka może być inne. I każdy dąży do swojego „dobrze" – ze wszystkich sił.

Oto jest właśnie główny powód – motor postępu i źródło wszelkiego socjalnego ruchu oraz rozwoju – nie kalkulacja, nie chłodna logika ani komercja, ale dążenie do pozytywnych emocji!

W świecie społeczeństwa w kwestii dodatnich emocji wszystko jest mniej więcej jasne. Każdy człowiek może określić (choćby tylko w przybliżeniu), co dla niego będzie oznaczać „dobrze", co spowoduje powstanie pozytywnych emocji. Tu, oczywiście, często zdarzają się błędy: ludzie gubią się, przyjmując jako własne wartości narzucone im z zewnątrz, wyznaczają sobie błędne cele i dążą do nich – w rezultacie, wbrew oczekiwaniom, nie ma żadnych pozytywnych emocji. W społeczeństwie jest mnóstwo celów zabarwionych emocjonalnie (w danym wypadku wszystko jedno, czy są błędne, czy nie) i każdy człowiek, który nie wyszedł w swoim rozwoju poza granice socjalnego poziomu, może wybrać emocjonalnie znaczący cel według swego talentu, możliwości i zainteresowań.

Inaczej ma się rzecz z człowiekiem, który osiągnął nadsocjalny poziom rozwoju. Na tych poziomach nie ma znaczenia wszystko to, co było znaczące wcześniej. Popularność, sława, władza, pieniądze? Nie, to nie jest nam bliskie. Takie drobiazgi nie odpowiadają prawdziwym potrzebom, nie satysfakcjonują. Umiemy już zapewnić sobie godny poziom życia, otrzymywać wszystko, co niezbędne, ale nie przydajemy tym zwykłym, codziennym materialnym sprawom szczególnego znaczenia. To nie są cele znaczące pod względem emocjonalnym – byłoby to śmieszne i głupie, a my zachowywalibyśmy się jak przedszkolaki.

Przed nami już inne cele. Ponieważ jesteśmy całkiem inni.

Tak, nie jest nam teraz łatwo. Ponieważ znajdujemy się na tym etapie, na którym otaczają nas rzeczy nienacechowane emocjonalnie.

Rys. 15. Człowiek postrzega świat wyłącznie w świetle socjalnych emocji. Otacza go nieskończoność, ale zauważy ją dopiero wtedy, gdy będzie więcej światła.

Od dzieciństwa przyzwyczailiśmy się do czegoś innego: w naszym życiu były obecne rzeczy posiadające określone zabarwienie emocjonalne. Przyzwyczailiśmy się do intuicyjnego wyboru spośród wszystkich obiektów świata, włączaliśmy w krąg postrzegania tylko rzeczy cenne dla nas pod względem emocjonalnym. Ukochana mama, smaczny cukierek, pieszczotliwie grzejące słońce... Torujemy sobie drogę właśnie wśród takich emocjonalnie znaczących obiektów. Im jest ich więcej, tym bardziej interesujące i pełne jest nasze życie.

Dodatkowo – stopniowo orientujemy się jak, dlaczego, dzięki jakim właściwościom określona rzecz staje się dla nas atrakcyjna pod względem emocjonalnym. Wartość innym, nowym w naszym życiu rzeczom przydajemy w odniesieniu do już istniejących wartości emocjonalnych. Wartość nowych rzeczy określamy na podstawie wartości rzeczy już nam znanych. Oto przykład: zakup samochodu nie będzie dla nas emocjonalnie znaczącym wydarzeniem, jeśli nie mamy ulubionych miejsc – atrakcyjnych pod względem emocjonalnym, dokąd moglibyśmy tym samochodem pojechać; albo – jeśli nie ma ludzi powodujących dodatnie emocje, których można by tym samochodem wozić, albo – jeśli nie mamy możliwości, by dzięki samochodowi zająć się czymś atrakcyjnym, np. przewozić towary – co przekładałoby się na emocje – świetny zarobek.

Gotowi jesteśmy przyjąć nowe rzeczy pojawiające się w życiu i sprawiać, by były dla nas znaczące pod względem emocjonalnym tylko wtedy, gdy w jakiś sposób pomagają w osiągnięciu innych emocjonalnie znaczących celów. Oznacza to, że w naszym życiu w społeczeństwie powstaje łańcuch emocjonalnie znaczących obiektów, a każde kolejne ogniwo tego łańcucha zostaje doczepione do poprzedniego i bezpośrednio z niego wychodzi.

Jednak jeśli znajdujemy się w sferze nadsocjalnej, gdzie obiekty pozbawione są emocjonalnego znaczenia, to nie mamy także do czego doczepiać ogniw łańcucha – brak tego początkowego ogniwa, od którego możemy wszystko zacząć. Co robić, jak postępować, gdy znajdujemy się na obszarze zupełnie dziewiczym, nieoswojonym z emocjonalnego punktu widzenia?

Odpowiedź może być tylko jedna: musimy tworzyć emocjonalne znaczenia. Tworzyć od nowa, ponieważ starych znaczeń w nowym świecie już nie ma, a nowych – jeszcze nie ma.

Jak to zrobić?

A w jaki sposób powstały w swoim czasie, w społeczeństwie, emocjonalne wartości? Jak powstały pierwsze ogniwa wartości, na które później nanizywaliśmy kolejne – naszych wartości? Ogólnie mówiąc, powstały spontanicznie, samorzutnie. Z ludzkiego punktu widzenia były przypadkowe. Dlaczego właśnie Słońce, a nie inna gwiazda, ma dla nas taki urok? Tak się złożyło, że mieszkamy pod Słońcem – człowiek do tego przecież ręki nie przyłożył. To pewne. Dlaczego ludzie rozmnażają się w taki, a nie inny sposób (nawiasem mówiąc, dla większości ludzi proces ten stanowi największą emocjonalną wartość)? Dlaczego rozmnażanie się nie zachodzi w inny sposób, jak np. w znanej anegdocie o tym, że pewna kobieta, znajdująca się w tłumie ludzi, poczuła dotyk czyjegoś palca na swoich plecach i zobaczyła ufoludka, który powiedział, że właśnie tak dochodzi do przedłużenia gatunku na jego planecie. Wszystko dlatego, że tak po prostu się stało, tak wyszło – jakoś tak bez nas postanowiono... Okazuje się, że te pierwsze, początkowe wartości emocjonalne powstały w sposób swobodny, dowolnie, a, mówiąc umownie – przypadkowo. Później, w oparciu o nie, utworzyły się kolejne ogniwa łańcucha. W rezultacie stworzono cały system wartości, które określają emocjonalną strukturę naszego życia. Oznacza to, że emocjonalne wartości są powiązane ze sobą, układają się w pewien system prowadzący nas po drodze życia i zapewniający rozwój.

Zdajecie sobie sprawę z tego, że powoli zaczynamy rozumieć, ogarniać naturę powstania i istnienia emocjonalnych wartości? Robimy to, ponieważ chcemy nauczyć się je tworzyć na nowym etapie rozwoju.

Wyciągnijmy teraz pierwszy wniosek. Ponieważ wartości emocjonalne zawsze tworzą wzajemnie powiązaną strukturę, my także powinniśmy tworzyć wartości – nie na chybił trafił, ale te, które można powiązać określonymi prawami, tj. takie, które mogą stać się rozwijającym się układem, systemem.

Drugi wniosek wiąże się z faktem, że pierwsze, początkowe emocjonalne wartości powstają swobodnie, dowolnie, bez naszego świadomego uczestnictwa. Czy to oznacza brak rutynowego, opanowanego już sposobu świadomego stworzenia takich wartości? Tak. Właśnie tak. Wobec tego, w celu stworzenia emocjonalnych wartości nowego poziomu, powinniśmy opanować ten sposób.

Trzeci wniosek wiąże się z nie mniej ważnym pytaniem: jak postąpić, jak zachować się wobec wcześniejszych, poprzednich wartości, które posiadają rzeczy wokół nas – co stanie się ze znaczeniami ważnymi dla nas na poziomie społeczeństwa? Z jednej strony, nie można ot tak, po prostu odrzucić tych emocjonalnych znaczeń. Z drugiej jednak – i z tym musicie się zgodzić – bardzo trudno rozpatrywać zjawisko, przedmiot lub człowieka jednocześnie jako element jednego i drugiego świata. Oznacza to, że pozostanie przy dawnych wartościach socjalnego poziomu będzie dla nas wielką przeszkodą w poruszaniu się naprzód na nowych poziomach.

To tak, jakbyśmy chcieli tę samą rzecz wykorzystać jednocześnie w dwóch, wzajemnie wykluczających się, celach. Posłużę się przykładem. Kupiliśmy samochód i chcemy go wykorzystać jako przechowalnię warzyw na działce i jednocześnie jako środek transportu – wyjazdu w południowe rejony kraju. Co się stanie, jeśli nie dokonamy wyboru, nie podejmiemy decyzji w kwestii przeznaczenia samochodu? Nic się nie stanie: warzyw nie przechowamy, ale wyjazd też nie dojdzie do skutku.

Ludzie, którzy zatrzymują się w swoim rozwoju, otrzymują od życia zamiast radości – zwykłą rutynę, ponieważ nie dostrzegają w nim innego sensu oprócz „pojeść i pospać" (podkreślam – nie chodzi o to, że nie chcą dostrzec – oni rzeczywiście nie dostrzegają, nie mają tego w sobie), przypominają nowy współczesny samochód, z jakiś powodów wykorzystywany jako składowisko, przechowalnia warzyw. Ludzie, którzy już wiedzą, że samochodem można jeździć wszędzie, dokąd się chce (nie tylko na południe, ale po całym świecie), boją się utraty wcześniejszego, podobnego roślinie, życia – przypominają samochód – rdzewiejący, pozostawiony samemu sobie, nieużywany, gdyż jego właściciel nie może się zdecydować co do kwestii jego wykorzystania. Lepiej by już było, gdyby przechowywał w nim owoce!

Drogi Czytelniku, ponieważ spotykamy się tu i teraz, wiem, że jesteś gotów odkryć dla siebie życie bez granic, ponieważ dawne życie w ciepłym chlewiku już Cię nie interesuje, z poprzedniego życia wieje nudą, tam nie ma już powrotu. Chodźmy więc naprzód, wykorzystując wszystkie swoje możliwości (które są znacznie większe, pojemniejsze i bardziej niezmierzone, niż oferuje współczesna technika), by dostać się do tego nowego świata bez granic, który już otworzył nam swe drzwi.

Rys. 16. Emocje są pochodnią oświecającą drogę w nieznanym świecie. To odkrycia i cuda. To droga dla wielu.

Powinniśmy się nauczyć rozdzielać emocjonalne znaczenia – wartości istniejące w świecie społeczeństwa, które jest już poza nami, od wartości świata, w którym tworzymy w chwili obecnej. Nie ma w tym nic niezwykłego. Poprzednie wartości nie zginęły – zostały w przeszłości. Obecnie interesuje nas coś innego. Nasz ulubiony miś z okresu dzieciństwa sam w sobie się nie zmienił, nie stracił swej właściwości bycia przyjacielem w czasie dziecięcych zabaw. Jednak wydorośleliśmy, wobec czego poprzednia treść emocjonalna związana z misiem należy już do przeszłości. teraz widzimy w niej przedmiot ozdabiający sentymentalnie nasz pokój (i jeszcze niebezpieczne, potencjalne gniazdo moli).

Powinniśmy zatem nauczyć się wytyczać granicę między światami: światem poprzednich znaczeń emocjonalnych oraz światem nowych znaczeń. To trzeci wniosek.

Musimy nauczyć się tego wszystkiego na drugim etapie piątego stopnia.

Jednak to jeszcze nie wszystko.

Żyjemy w ogromnym, zagadkowym świecie. Na malutkiej planecie – pyłku zagubionym w Kosmosie. Jednak posiadamy rozum, powiem więcej – mamy rzecz zagadkową – świadomość. Nasza świadomość nie sprowadza się tylko do zwykłej aktywności mózgu. Nauka bardzo dobrze potrafi objaśnić pracę mózgu, jednak nie potrafi wyjaśnić, dlaczego nasz mózg CZUJE, tworzy wewnętrzny świat, ocean subiektywnej realności, w której istniejemy; skąd w mózgu wzięła się świadomość – zjawisko zupełnie innego rzędu.

Nasza świadomość opiera się na informacyjnych zasadach. Dlatego jesteśmy w stanie nie tylko odnotowywać, jakie fakty i zdarzenia zachodzą wokół nas, potrafimy uchwycić logikę tych zdarzeń, ich znaczenie i sens. Dzięki temu człowiek żyje jakby jednocześnie w dwóch światach: jeden – to świat faktów i zdarzeń; drugi – świat znaczeń i sensów tych zdarzeń. Nietrudno zrozumieć, że człowiek dawno już uniósł się ponad pierwszy z nich. Po prostu go przerósł. Przecież w rzeczywistości percepcja wszystkiego, co nas otacza, wyłącznie na poziomie faktów i zdarzeń – to postrzeganie właściwe zwierzętom. To zwierzęcy poziom, będący także w człowieku. Ten poziom już przeszliśmy w procesie ewolucji, jest już poza nami. Podam przykład. Dzikie zwierzę, np. wilk, trafiając w tajdze na myśliwego, postrzega go tylko jako fakt: oto niebezpieczeństwo, z którym należy walczyć. Wilk albo ucieka, albo się broni, lub też napada – po prostu radzi sobie w określony sposób z faktem. Jeśli następnego dnia znów natknie się na myśliwego, zachowa się tak samo: będzie się bronił w określony sposób. Jednak wilk, działając w ten sposób, nie rozmyśla nad sensem faktów i nie wyciąga wniosków: coś za często tu chodzą myśliwi, najwidoczniej zaczął się sezon polowań, możliwe, że gdzieś niedaleko, w najbliższej osadzie obozuje cała grupa myśliwych... Może by tak dać drapaka, póki jeszcze jestem żywy?

Tak, zwierzę nie potrafi wniknąć w sens, w logikę faktów i zdarzeń, które go spotykają. Dzieje się tak, ponieważ świat sensów i znaczeń faktów oraz zdarzeń jest dostępny tylko dla człowieka – istoty rozumnej.

Jesteśmy (mam nadzieję) istotami rozumnymi, zatem wybieramy swoje drogi w świecie, nie tyle mając na uwadze okoliczności, fakty i zdarzenia otaczającej rzeczywistości, ile biorąc pod uwagę znaczenia i sens dla nas tych okoliczności, faktów i zdarzeń. Ukierunkowujemy się tylko na te okoliczności, które mają sens i znaczenie. Podobnie jak magnes wybierający z mnóstwa śmieci opiłki żelaza, tak człowiek decydujący się na jakąś rzecz, np. radio, wybiera spośród rupieci tylko takie detale, które, logicznie ze sobą powiązane, pozwolą mu skonstruować radio; detale te są uporządkowane z punktu widzenia stworzenia przez człowieka tego łańcucha, który sobie założył.

Według jakiej zasady wybieramy spośród otaczającego nas świata tylko ten jeden określony zestaw sensów i znaczeń? Dlaczego orientujemy się na pewne fakty, a na inne nie? Zależy to od naszego własnego celu i naszej własnej logiki. Jest to bardzo proste. Przykładowo, wybieramy się na wypoczynek na południe Rosji. Będziemy zatem orientować się w kwestii ceny biletów w wybranym przez nas kierunku, pogodą na południu, temperaturą wody w morzu. W zależności od celów znaczenia tych faktów mogą być przez nas ocenione jako „dobre" lub „złe". Będzie nam natomiast wszystko jedno, jaką temperaturę ma woda w morzu na północy Rosji, jaka jest tam pogoda i ile kosztują bilety na pociąg jadący za krąg polarny. Te fakty także istnieją, ale dla nas, w danej sytuacji nie mają znaczenia. Nie ma znaczenia, a zatem samych faktów też jakby nie było. Dla nas, dla naszego wewnętrznego świata w danym kontekście ich nie ma!

Czy to jest jasne? Człowiek, jako istota rozumna, zdolny jest wyławiać z otaczającego świata zjawiska zrodzone przez procesy zgodne pod względem wewnętrznej strukturalnej logiki z logiką samego człowieka. Jest to bardzo ważne, że możemy opierać się i opieramy wyłącznie na takich procesach i prawach, które, zgodnie z naszą wewnętrzną logiką, mają znaczenie, a także na takich, które jesteśmy w stanie zrozumieć. Te procesy i prawa, które potrafimy zrozumieć, są możliwe do przewidzenia – poddają się prognozowaniu. Oznacza to, że możemy przewidzieć rozwój procesu, który jest dla nas zrozumiały. Dowiedzieliśmy się na przykład, że na południu, dokąd chcemy jechać, szaleje cyklon i padają deszcze, ale przed naszym przyjazdem oczekuje się antycyklonu. Możemy to zrozumieć, ma to dla nas znaczenie. – znaczenie brzmi: „dobrze" – możemy założyć, że przed naszym przyjazdem pogoda się poprawi (Przykład jest całkowicie umowny, ponieważ pogoda z ludzkiego punktu widzenia, dla ludzkiej percepcji jest nieprzewidywalna. Jednak w tych procesach i zjawiskach, które od początku do końca wiążą się tylko z ludźmi, przewidywania tego rodzaju może wysnuć nawet zwykły człowiek – jego prognozy sprawdzają się zwykle w stu procentach).

Oznacza to, że świat jest rozumny. Nasz rozum oddziałuje ze światem, ukierunkowując się na te jego przejawy, które mają znaczenie i sens, które posiadają wewnętrzną logikę, które tworzą strukturę. Łańcuch zdarzeń, faktów, posiadający wewnętrzną logikę, układający się w pewien regularny, wynikający z natury rzeczy proces, posiada wszystkie cechy właściwe rozumowi. Rzeczywiście, jeśli pokusić się o obserwacje pewnych regularnych, wynikających z natury rzeczy procesów, można pomyśleć, że kieruje nimi istota rozumna, że jakiś gigantyczny rozumny komputer prowadzi i steruje logiką zdarzeń.

Dzieje się tak dlatego, że człowiek każdym swoim ruchem, postępkiem, próbą zmiany świata jakby rozlewa swój rozum na zewnątrz, rozdziela go wokół, nasączając swoją logiką otaczającą go przestrzeń i wrzucając do niej wynikające z natury rzeczy procesy. Człowiek wnosi do świata porządek, który mu odpowiada. Tym samym porządkuje świat wokół siebie.

Istnieje także drugi poziom uporządkowania świata – poziom istniejący niezależnie od człowieka. Jednak z tym już istniejącym poziomem uporządkowania może współdziałać tylko osoba o dostatecznie wysokim stopniu rozwoju. Zazwyczaj człowiek oddziałuje tylko z uporządkowaniem, które sam stworzył. Nie odczuwa, nie pojmuje natomiast prawidłowości wyższego rzędu – po prostu ich nie dostrzega.

Ludzie wymyślili słowo, którym nazywają ten wyższy porządek, przejawiający się we wszystkim, co nas otacza – Bóg. Ludzkie poszukiwanie tego, co boskie w świecie, nie jest niczym innym, jak naszą codzienną aktywnością w stronę poznania i przekształcania świata.

Oczywiście, nawet wtedy, gdy znajdziemy się na wysokim stopniu rozwoju, nawet wtedy, gdy naszej percepcji będą dostępne prawidłowości wyższego rzędu, nie będziemy mogli natychmiast poznać całego świata i zacząć oddziaływać ze wszystkimi jego prawidłowościami. Nam dostępna jest tylko niewielka część świata – przecież zdarzeń w świecie jest o wiele więcej niż nasz ograniczony zestaw znaczeń.

Nie jest to takie straszne. Przecież człowiek pierwotny posiadał o wiele mniej znaczeń w systemie w porównaniu z człowiekiem współczesnym. Jednak rozwijał system wewnętrznej logiki tak, że w końcu, stopniowo, w skład systemu wchodziło coraz więcej znaczeń – wartości świata. Rozwój naszego zestawu wartości pozwala na korzystanie z coraz większej liczby prawidłowości świata. Co nam

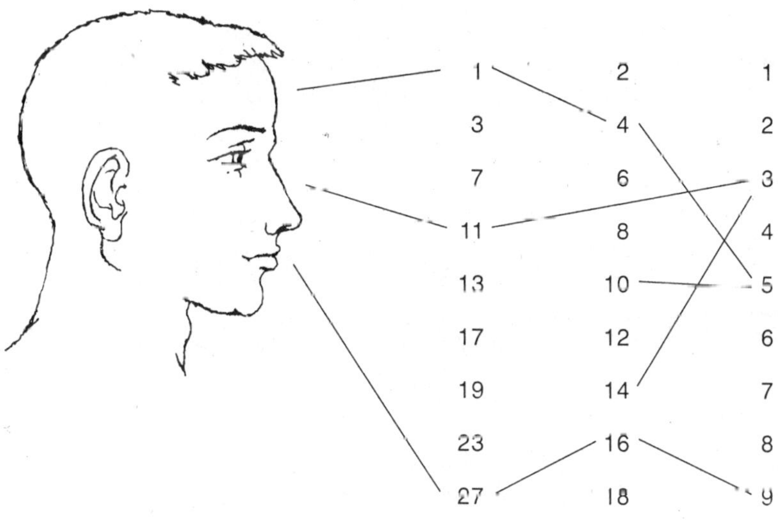

Rys. 17. Dostrzegamy w świecie tylko swoje odbicie. Swoje gamy w harmonii Wszechświata. Emanujemy, nie rozumiejąc, i tworzymy coś swojego tam, gdzie już jest coś innego, odmiennego.

umożliwia włączanie w sferę własnej percepcji coraz to więcej znaczeń – wartości? Emocjonalne dostrzeganie tych czy innych faktów, okoliczności i zdarzeń. Żeby jakiś fakt nabrał znaczenia, powinien dla nas coś znaczyć w planie emocjonalnym. Powinien być dla nas „dobrym" lub „złym". Kiedy fakt nie ma dla nas znaczenia, tym samym dla nas nie istnieje, nie postrzegamy go, w naszym życiu on niczego nie zmienia, do niczego nie zmusza. Wraz z tym, gdy coś stanie się dla nas „dobre", a coś innego „złe" – zacznie się ruch, życie, ponieważ (jak wspominaliśmy wcześniej) każdy ruch możliwy jest tylko między dwoma przeciwnymi biegunami, a całe ludzkie życie nie jest niczym innym, jak ruchem między „źle" a „dobrze". Szczęśliwy człowiek, który potrafi szybko i bezbłędnie określić, co jest dla niego naprawdę „źle", a co „dobrze"!

Aby zacząć odczuwać, pojmować prawidłowości świata, w tym także prawidłowości wyższego rzędu, powinniśmy odkryć fakty mające dla nas znaczenie – pozytywne lub negatywne. Powinniśmy nadać emocje faktom nowego poziomu – tylko w ten sposób możemy poszerzyć zestaw potencjalnych wartości.

Opanowanie nowych wartości jest, w istocie, poznaniem Boga.

Nie jest to bardzo zrozumiałe? A może trudno Wam to sobie uzmysłowić, uwierzyć, że wszystko jest takie proste? Już wyjaśniam.

Poziom rozwoju człowieka można określić w zależności od tego, czemu właściwie przydaje on emocjonalne znaczenie. Jeśli dla człowieka emocjonalne znaczenie ma tylko wartość wódki w sklepie i obecność zakąski w lodówce – jest to człowiek jednego poziomu. Nic innego nie jest w stanie go poruszyć, wszystko inne ma w nosie. W stanie, w jakim się znajduje, praktycznie nie ma wstępu na te poziomy, na których istnieje miłość, twórczość, o Bogu nawet nie wspominając. Dla kogoś innego emocjonalne znaczenie ma to, w jaki sposób traktuje go wybranka jego serca, w jaki sposób się uśmiecha, jak na niego patrzy. Znaczenie dla niego ma także wewnętrzny stan ducha podczas czytania ulubionych książek czy słuchania muzyki. To go cieszy, stanowi dla niego przyjemność, wywołuje pozytywne emocje. To ktoś innego już, wyższego poziomu. A trzeci człowiek doświadcza niebywałego emocjonalnego uniesienia, odczuwając łączność z całym światem, z przyrodą, Wszechświatem. Nie tylko odczuwa tę łączność, ale i cieszy się z tego, ten stan ma dla niego znaczenie emocjonalne, a emocje, ze względu na swą siłę i wypełnienie, znacznie przewyższają przyjemny dreszczyk płynący ze spotkań z ukochaną, zadowolenie wynikające z czytania książek czy radość ze spotkań z przyjaciółmi. Wszystkie te doświadczenia nie są mu obce, zna je doskonale, ale już to przeszedł i znalazł się na wyższym stopniu postrzegania, już potrafi bezpośrednio odczuć piękno świata, nie tylko poprzez miłość do kobiety czy poprzez książki i muzykę – i takie bezpośrednie postrzeganie jest przyczyną znacznie silniejszych emocji.

Oznacza to, że im bardziej swoje emocjonalne postrzeganie rozciągamy na wyższe realności, tym wyższe poziomy zdobywamy i tym samym reprezentujemy wyższy poziom rozwoju.

Zatem, w celu poruszania się naprzód, w celu dalszego doskonalenia się przydadzą się nawyki pracy z emocjami pozwalające na poszerzanie zestawu potencjalnych wartości.

Kiedyś człowiekowi uda się połączyć zestawy znaczeń ze wszystkimi procesami świata, gdy pozna go sam całkowicie, gdy zleje się z nim w jedno, opanuje wyższy rozum naszego Wszechświata. Jest to oczywiście proces bardzo długi, ogromny i złożony, mimo to będzie jeszcze o nim mowa w naszych podręcznikach. Obecnie ważniejsze jest coś innego. Ważne, byśmy zapoczątkowali ten proces w sobie, rozszerzając posiadany zestaw emocjonalnych wartości.

Nie możemy oddziaływać ze zdarzeniami nieposiadającymi dla nas emocjonalnego znaczenia, tj. nieskładających się na nasz obraz świata. Takich zdarzeń i faktów nie postrzegamy, nie mamy z nimi do czynienia, a to oznacza, że nie możemy ich zmieniać. Jeśli zdarzenie lub fakt nie są dla nas interesujące, nie ma ich w systemie naszych znaczeń, nic dla nas nie znaczą. Gdy zainteresuje nas jakiś fakt lub zdarzenie, to zajmują one swoje miejsce w naszym obrazie świata i w rezultacie trafiają do systemu naszych znaczeń.

Samo zainteresowanie faktem jakby wyprowadza go z ciemności, w której fakt ten był pozbawiony znaczenia, i wprowadza go w krąg światła – światła naszego zainteresowania i rozumienia. Dopiero wtedy możemy wykonać wobec tego faktu jakieś uświadomione, przemyślane działanie. W odniesieniu do faktu przebywającego gdzieś w ciemności, tj. niezabarwionego światłem naszych emocji, nie możemy podejmować żadnych działań.

Nadeszła pora, by przypomnieć, jak tworzy się łańcuch emocjonalnych wartości, w którym każde następne ogniwo jest łączone z poprzednim. Żaden fakt, przedmiot czy znaczenie spośród znajdujących się w ciemności nie będzie interesujące, jeśli to zainteresowanie nie powstanie w związku z już istniejącymi w nas emocjonalnymi wartościami. Żeby wprowadzić do kręgu swoich emocjonalnych wartości nowy przedmiot, należy zastosować względem niego zasady działające w stosunku do już istniejących emocjonalnych wartości. Nasz emocjonalny stosunek do nowego, na razie jeszcze ciemnego obiektu, powinien być podobny do emocjonalnego stosunku do jakiegoś innego, już interesującego nas obiektu, znaczącego pod względem emocjonalnym. Oto przykład. Nieprzypadkowo w religii Bóg jest nazywany Ojcem. Po co? Po to, by człowiekowi było łatwiej nadać Bogu emocjonalną wartość. Większość ludzi wie, czym jest miłość do ojca. Religia jakby proponuje przeniesienie tego samego uczucia na Boga. Niejako odbijając się od już znanej emocjonalnej wartości, człowiek może nanizać na łańcuch kolejne ogniwo – „reguły, zasady" miłości w stosunku do ojca może rozprzestrzenić także na Boga i w ten sposób sprawić, by Bóg stal się dla niego emocjonalnie znaczącym obiektem.

Aby w jakiś sposób oddziaływać z obiektem nowego poziomu, należy w odniesieniu do niego przestrzegać zasad użytych w stosunku do już istniejącego łańcucha emocjonalnych wartości – do istniejącego w człowieku zestawu znaczeń!

Kontynuując powyższy przykład, powiem tak: stosunek do Boga jako ojca potrzebny jest tylko na początkowym etapie – po to, by włączyć Boga do istniejącego już w nas systemu znaczeń. Później, gdy nowy obiekt zostanie wprowadzony do istniejącego systemu znaczeń, zaczyna swoje samodzielne istnienie w naszej percepcji – zaczyna istnieć w systemie prawidłowości nowego, bardziej złożonego rzędu. Mówiąc umownie – stosunki z ojcem odpowiadają prawidłowościom jednego poziomu, a stosunki z Bogiem odnoszą się do zupełnie innego, wyższego poziomu. Możemy współdziałać z Bogiem dopiero wtedy, gdy samo nasze współdziałanie będzie odpowiadać prawidłowościom wyższego poziomu. Najpierw upodobniliśmy Boga do ojca, a potem powinniśmy wznieść się ponad tę percepcję, przerosnąć ją i współdziałać z Bogiem już nie tak, jak z własnym ojcem, a właśnie jak z Bogiem.

Przecież żadne wzajemne oddziaływanie nie przyniesie oczekiwanego rezultatu, jeśli nie będzie spełniać wymogów już istniejących prawidłowości określonego rzędu – prawidłowości istnienia, ruchu i struktury samego świata, prawidłowości istnienia Boga.

Najpierw wprowadzamy nowy obiekt w już istniejący w nas układ emocjonalnych znaczeń, a potem zaczynamy współoddziaływać z nim według reguł nowego układu znaczeń, do którego nas ten obiekt właściwie sam wprowadza. Powiem wprost: na tym właśnie polega sekret bezpośredniego kierowania zdarzeniami świata, które będziemy zgłębiać w trakcie nauki tego stopnia.

Czy już wszystko jest zrozumiałe? Przytoczę jeszcze analogię wziętą ze zwykłego, bytowego poziomu. Załóżmy, że nasze zadanie polega na nalaniu sobie wody (przy czym znajdujemy się w nieznanym miejscu). Wyszukujemy przedmiot, który nasza świadomość rozpoznaje jako zakręcony kran z wodą (tzn. odkryliśmy przedmiot wchodzący w nasz system znaczeń). Jeśli wcześniej przedmiot ten nie znajdowałby się w naszym systemie znaczeń, nawet byśmy na niego nie spojrzeli. Jeśli okaże się, że przedmiot nie jest kranem z wodą, to rezultat nas nie zadowoli (w filmie *Osobiennosti nationalnoj rybałki* – „Osobliwości narodowego połowu ryb" – w analogicznej sytuacji została wystrzelona rakieta). Jeśli jednak mimo wszystko przedmiot okaże się kranem, to zaczniemy ten kran odkręcać. Jeśli odkręcimy kurek w niewłaściwą stronę, rezultatu – wody – nie będzie (to znaczy, nasze działanie powinno odpowiadać nowemu systemowi znaczeń – prawidłowościom istnienia kranu; rezultatu nie będzie, jeśli nasze działanie nie odpowiada danemu systemowi znaczeń).

Jeśli nie odczuwamy nowego obiektu zgodnie z prawidłowościami i zestawem posiadanych przez nas znaczeń (naszym wewnętrznym zestawem znaczeń), nie będziemy mogli rozpoznać i zidentyfikować nowego obiektu. Jeśli chcemy współdziałać z tym obiektem, ale nasze działanie nie odpowiada systemowi znaczeń samego obiektu (znaczeń dla nas zewnętrznych), to działanie nie przyniesie oczekiwanego rezultatu.

Oto droga poznania tego, co nowe: przenosimy na zewnątrz swą wewnętrzną percepcję, czyli to, co już wiemy, te już opanowane przez nas znaczenia, po to, żeby w porównaniu z nimi rozpoznać nowy obiekt; potem od tego, co wewnątrz, idziemy ku temu, co na zewnątrz i zaczynamy poznawać nowe dla nas znaczenia i prawidłowości nowego, dopiero co rozpoznanego obiektu.

Dotyczy to nie tylko prawidłowości wyższego rzędu, odnosi się także do prostych działań fizycznych – dotyczy procesów poznania odbywającego się na dowolnym poziomie. Najpierw widzimy nowy obiekt – gdziekolwiek, na przykład na sklepowej półce, i próbujemy go rozpoznać, zidentyfikować. Świadomość zadaje sobie wtedy pytanie: „Co to takiego?" i zaraz odpowiada: „Aha, to kiełbasa". Dlaczego wiemy, że to kiełbasa? Ponieważ widzieliśmy w życiu coś podobnego i możemy porównać, wyłowić podobieństwo, możemy, jako istoty rozumne, pojąć, co to jest. Potem przystępujemy do zbadania właściwości i prawidłowości danej, konkretnej kiełbasy – próbujemy jej. Odkrywamy wiele nowości, coś, czego wcześniej nie znaliśmy, np. że kiełbasa może być z czosnkiem, pieprzem, ale jest i taka, którą można się podtruć. Oznacza to, że wzbogacamy swój wewnętrzny świat o zestaw znaczeń i poznanie nowych prawidłowości!

Właśnie według takiego schematu odbywa się poznanie nowych smakowych odczuć i dokonuje się wielkich odkryć naukowych.

Poznanie Boga nie jest tu wyjątkiem. Różnica polega tylko na tym, że Bóg, w odróżnieniu od zwykłych obiektów materialnych, istnieje w pełni w obszarze energoinformacyjnym. Aby z nim oddziaływać, należy wykonywać działanie – nie fizyczne, ale energoinformacyjne. Aby działanie energoinformacyjne było skuteczne, należy wykonać je bez zarzutu, nienagannie (jeśli rzeczywiście zostanie wykonane jak należy, zapewni całą lawinę zdarzeń!).

Aby działać nienagannie i skutecznie oddziaływać z nowym poziomem energoinformacyjnym, trzeba poznać informacyjne prawidłowości wyższych poziomów realności, w których jawi się świat o skali znacznie większej niż świat człowieka. Krótko mówiąc, powinniśmy opanować prawidłowości boskich przejawów.

Co konkretnie musimy w związku z tym zrobić?

Po pierwsze, powinniśmy opanować techniki oddziaływania na zdarzenia. Zapoznaliśmy się z nimi nieco w pierwszej części piątego stopnia – to powolne myśli pozwalające płynnie zmieniać zestawy znaczeń przedmiotów, przykładać je do nowego systemu wartości.

Jednak istnieją jeszcze metody kierowania, sterowania ruchem zdarzeń, a także nastawienia, kierunki ruchu zdarzeń, jak również metody zmiany znaczenia zdarzeń.

Po drugie, nie możemy, podobnie jak nie może cały Wszechświat, zakłócać określonych praw, na których zasadza się ruch zdarzeń. Tych praw też musimy się nauczyć.

W końcu powinniśmy również zrozumieć istniejące wokół nas prawidłowości i uwzględniać je podczas oddziaływań.

Nie jest tego mało! Podsumujmy zatem wszystko. Na posocjalnym poziomie dalszego energoinformacyjnego rozwoju potrzebne nam będą nowe nawyki i nowa wiedza.

Powinniśmy opanować stworzenie nowych znaczeń emocjonalnych, potrafiących zorganizować się w samorozwijający się system i jednocześnie nauczyć stosować sztukę zakończenia, przechowywania rozwiniętego systemu znaczeń. Tylko wówczas, gdy opanujemy kierowanie emocjami, będziemy mogli rozwinąć swoją myśl w pożądanym twórczym kierunku. Musimy opanować wykorzystanie powolnych myśli w celu przekształcenia świata, przy czym musi się to wiązać ze zwiększeniem uporządkowania wokół nas. Wtedy staniemy się twórcami realności.

METODY, KTÓRE JUŻ ZNAMY

Oczywiście, w naszej pracy niezbędne będą metody poprzednich stopni systemu nawyków dalszego energoinformacyjnego rozwoju – już nad nimi pracowaliśmy. Musimy je sobie teraz przypomnieć, nie stracimy jednak na to zbyt wiele czasu. Dokładne informacje na temat tych technik można wyczytać z poprzednich książek poświęconych systemowi nawyków DEIR. Nie wątpię, że czytelnicy je doskonale pamiętają. Jeśli ktoś miałby problemy związane z DEIR, może zadzwonić do Petersburga – 346 68 86, podzielić się nimi na stronie www.deir.ru albo zapisać się na kursy DEIR.

Centralne strumienie energetyczne (Główne potoki). Kierując oddechem, na wdechu powodujemy w sobie odczucie przepływu energii w górę, wzdłuż kręgosłupa; na wydechu – w dół. Potem łączymy oba odczucia, powodujemy w sobie wrażenie koralików wiszących, niczym na niteczkach, na tych dwóch strumieniach odżywianych, ochranianych i podtrzymywanych przez nie w każdej sytuacji, w której moglibyśmy się znaleźć (patrz: książka „Wyzwolenie", stopień 1, krok 9).

Stan wzorcowy. Przypomnijmy sobie stan, gdy było nam dobrze, znany pod każdym względem – fizycznym, emocjonalnym, psychologicznym. Spowodujmy u siebie ten stan – pretekstem niech będą realne odczucia wtedy doświadczone (zapachy, dźwięki, obrazy). Uczymy się odtwarzać ten stan z własnej woli, w dowolnym momencie, jeśli tylko zechcemy (patrz: „Wyzwolenie", stopień 1, krok 12).

Tworzenie integralnego odczucia celu. W celu rozwiązania problemu, osiągnięcia celu, wykonania działania, wstąpienia we wzajemne relacje z jakimś obiektem nie wystarczy rozeznać umysłem, co powinniśmy robić, ale pojąć swój cel na poziomie odczucia, poczuć go jak należy. W przeciwnym razie ten cel nie stanie się „naszym", „własnym", nie podporządkuje się nam. Potrafimy już to robić – np. pracowaliśmy nad tym, uwalniając się od karmy (patrz: podręcznik „Terapia prawdziwej karmy" – rozdział 5, stopień II, krok 0). Zamykamy oczy, skupiamy się na naszej wewnętrznej przestrzeni i odczuwamy obiekt, z którym chcemy wejść we wzajemne relacje; w odczuciach nie myślimy o nim, ale staramy się doznać wszystkich tych odczuć, które on powoduje: dźwiękowych, wzrokowych (kolory), dotykowych, odczuć typu „ciarki chodzą po plecach"

– czyli wszystkich wrażeń, które potrafimy wychwycić. Odtwarzamy w wyobraźni i pamięci wyłącznie odczucia; słowa jakby przy tym „zostawały w tyle, nie nadążały"; pozostają tylko odczucia; w końcu zlewają się one w jedno integralne odczucie na temat obiektu, które odnotowujemy w naszej świadomości i utrwalamy.

Sprawdzenie prawdziwości pragnienia. Wchodzimy w stan wzorcowy i spoglądamy na swój cel jakby z boku, z oddali, bez emocjonalnego zaangażowania, i sprawdzamy, czy zakładane przez nas działanie odpowiada wzorcowemu stanowi, czy nie zmienia go na gorsze. Jeśli nastrój pogarsza się i stan wzorcowy odchodzi ot tak, sam przez się – oznacza to nieprawdziwość pragnienia; zatem powinniśmy porzucić te zamiary – dla swojego dobra (patrz: książka pt. „Kształtowanie", stopień II, krok 1).

Ustawienie programu sukcesu i powodzenia. Podczas pracy będziemy musieli zmieniać znaczenia faktów, zdarzeń i obiektów na takie, które są dla nas możliwe do przyjęcia. W celu takiej zmiany znaczeń należy przypomnieć sobie nawyki pracy pod kątem ustawienia dla siebie różnych programów – przede wszystkim programu sukcesu i powodzenia. Wchodzimy w stan wzorcowy, odczuwamy, w jaki sposób powstają zamiary związane z osiągnięciem celu, koncentrujemy się na nich, zlewamy z nimi i w ten sposób wpuszczamy je do swojej podświadomości. W rezultacie, w stosunku do pożądanego obiektu, będą spontanicznie, samoistnie powstawać niezbędne emocje i tworzyć się działania konieczne do kontaktu z obiektem (patrz: „Kształtowanie", stopień II, krok 3).

Pozbycie się karmy. Nawyki stosowane przez nas podczas pracy z karmą przydadzą się obecnie – z tą tylko różnicą, że teraz nie będziemy likwidować karmy, ale inne konglomeraty stworzone w ciele eterycznym. W tym celu użyjemy tych samych metod. Wchodzimy w stan wzorcowy, powodujemy integralne odczucie tego zespołu, który musimy zlikwidować, potem mentalnym spojrzeniem badamy swoje ciało eteryczne, określając zakładane miejsce dyslokacji obiektu, odczuwamy go w swoim eterycznym ciele, po czym eterycznymi rękoma chwytamy tę konstrukcję i odrywamy ją; trzymamy ją teraz przed sobą w eterycznych rękach i wypełniamy ją energią wschodzącego strumienia (potoku), mentalnie spalając ją tą energią, a pozostałości mentalnie chowamy jak najgłębiej w ziemię tak długo, aż pojawi się odczucie, że resztki te spadają w pustkę; następnie zwiększamy centralne strumienie i w ciele eterycznym energią wypełniamy wyrwę utworzoną po zlikwidowaniu konglomeratu, wyrównujemy ją i osiągamy odczucie zupełnego jej zniknięcia (patrz: „Kształtowanie”, stopień II, krok 17).

Punkt JA JESTEM. Zamykamy oczy, rozluźniamy się, zatrzymujemy wewnętrzny monolog, mentalnie skupiamy się na jakimś ładnym, cieszącym oczy wzrokowym obrazie, bez myśli – odczuwamy tylko emocje płynące z obrazu, potem jakby wyprowadzamy te emocje na powierzchnię swojej istoty i zrzucamy je, oddzielamy od siebie; koncentrujemy się na tym, co zostało – oczyszczony rdzeń, nasze prawdziwe „ja” i odpowiadający mu spokój, odczucie czystości i swobody oraz wyraźne odczucie siebie jako siebie, poza myślami i emocjami – *ja jestem* (patrz: „Dojrzałość”, stopień IV, krok 1).

Sterowanie zamiarem (przekaz). Myśl jest materialna i stanowi materiał dla twórczości. Musimy tworzyć swój nowy świat w pustce, to znaczy w jeszcze przez nas nieoswojonej przestrzeni nowego, nadsocjalnego poziomu. W tym celu wykorzystamy takie narzędzia, jak emocje, myśli i zamiary. Uczyliśmy się już kierować zamiarem (patrz: „Oddziaływanie”, stopień III, krok 9) – zastosowanie tej techniki nie będzie trudne, choć trochę ją zmienimy, przystosowując do nowego poziomu. Na razie przypomnijmy sobie to, co znamy. Uwolniwszy się od myśli oraz emocji i wszedłszy w prawdziwe odczucie siebie *ja jestem*, skupiamy się na swoim zamiarze i odczuwamy jego obraz w całej pełni odczuć (obraz tego, co właściwie chcemy osiągnąć); potem mentalnie posyłamy obraz swojego zamiaru do obiektu, w stosunku do którego chcemy ten zamiar zastosować, następnie zlewamy go z obiektem w jedną całość, jakbyśmy wpychali w niego obraz, który stworzyła nasza podświadomość.

Odkrycie wirtualnej przestrzeni. Rozluźniamy się, zamykamy oczy, widzimy przed sobą ciemną przestrzeń – to wirtualna przestrzeń naszej świadomości. Odczuliśmy objętość tej przestrzeni, czujemy, że ona, podobnie jak przestrzeń ziemska, posiada trzy wymiary. Próbujemy wyobrazić sobie tam jakiś obraz, np. figurę geometryczną. Określamy, w jakim rejonie wirtualnej przestrzeni się pojawiła, a potem przypominamy sobie inny obiekt, choćby zwrotkę wiersza, i określamy, w jakim rejonie wirtualnej przestrzeni powstała (w górze, w dole, wyżej lub niżej poziomu oczu, z lewej czy z prawej strony itd.). Zróbmy to samo z jakimś zapachem, smakiem, odczuciem – odkrywamy, że wszystko, co mieści nasza świadomość, można odnaleźć w przestrzeni wirtualnej (patrz: „Pewność", stopień V, część I, krok 1).

Manipulowanie wirtualnymi przestrzeniami. Robiliśmy to podczas uduchowienia przedmiotów (patrz: *Tiechniki oduszewlienija priedmietow* – „Techniki uduchowienia przedmiotów", rozdział 2, krok 0), teraz będzie to przydatne w celu uduchowienia innych obiektów. Tworzymy fragment wirtualnej przestrzeni podlegający uduchowieniu, umieszczamy tam rysunek, np. chaotycznie przeplecione linie, uważając, by wszystkie linie rysunku były zamknięte, by nigdzie nie wisiały „ogony". Zapamiętujemy obraz, zamykamy oczy, odkrywamy jego miejsce w przestrzeni wirtualnej, a potem staramy się, by obraz był ostry i wyraźny (wciąż od nowa nakładamy wizerunek obrazu na to miejsce w przestrzeni wirtualnej, do którego musimy się zwrócić, by przypomnieć sobie obraz, gdy już umieścimy go w przestrzeni wirtualnej). Potem przesuwamy ten fragment przestrzeni wirtualnej aż do połączenia go z obiektem, który chcemy uduchowić. Podczas tej czynności w wirtualnej przestrzeni następuje wypaczenie – szybko zapełniamy je jakimś dużym objętościowo wizerunkiem, wyobrażając sobie powiedzmy słonia. Jednocześnie nie pozwalamy na to, żeby fragment przestrzeni wirtualnej połączony z uduchawianym przedmiotem opuścił ten obiekt.

Przemieszczenie punktu JA JESTEM w przestrzeni wirtualnej. Wchodzimy w stan *ja jestem* i odkrywamy miejsce koncentracji jego punktu, może on być np. w centrum głowy. Staramy się go lekko przesunąć – około dwudziestu centymetrów pionowo w górę; czujemy, jak zmieniają się przy tym nasze odczucia. Potem przemieszczamy go w dół i znów obserwujemy odczucia. Następnie przesuwamy za plecy (ten ruch może odpowiadać przemieszczeniu w przeszłość, mogą zatem napłynąć wspomnienia). Przemieszczamy w górę za głowę – to położenie odpowiada twórczemu natchnieniu, może dojść do samorzutnego tworzenia wierszy (patrz: „Dojrzałość", stopień IV, krok 1b).

Odkrycie obszaru „dobrze". Wszystko, co znajduje się w naszej świadomości, ma swój „adres" w przestrzeni wirtualnej – m.in. takie znaczenia obiektów, faktów itd., jak „dobrze" i „źle". Odkryjemy je dzięki znanym nam już metodom, żeby w przyszłości pracować z tymi znaczeniami na nowym poziomie. Siadamy, rozluźniamy się, przypominamy sobie jakieś przyjemne zdarzenie ze swojego życia i szukamy go w przestrzeni wirtualnej. Następnie kolejno szukamy tam kilku przyjemnych zdarzeń z naszej przeszłości. Odkrywamy, że w przestrzeni wirtualnej wszystkie te zdarzenia mają punkt przecięcia lub nawet wspólny dla wszystkich obszar. To właśnie jest obszar „dobrze" (patrz: „Pewność", stopień V, krok 2a).

Odkrycie obszaru „źle". To samo robimy odnośnie złych wspomnień – odkrywamy ich miejsce w przestrzeni wirtualnej i znajdujemy wspólną dla nich strefę. Będzie to obszar „źle" (patrz: „Pewność", stopień V, krok 2b).

Wykorzystanie układu testującego – przemieszczenie znaczeń obiektu na inne przedmioty. Doskonale radzimy sobie z wykorzystaniem układów testowych i to okaże się dla nas bardzo przydatne. Przypomnijmy sobie, jak to robiliśmy: wybieraliśmy układ testowy (kostka, moneta itd.) i utożsamialiśmy wykorzystywany przedmiot z tym obiektem, w stosunku do którego chcieliśmy uzyskać rezultat. Zamykamy oczy, odkrywamy w sobie w wewnętrznej przestrzeni interesujący nas obiekt, następnie całkowicie utożsamiamy ten obiekt z kostką, monetą lub innym przedmiotem wykorzystanym w układzie testowym, i jakby czasowo ożywiamy i uduchawiamy ten przedmiot, przydając mu właściwości wybranego obiektu. W tym celu po prostu umieszczamy w myśli przedmiot układu testowego w tym miejscu wirtualnej przestrzeni, w którym leży interesujący nas obiekt, a następnie łączymy je, próbujemy zlać w jedną całość. Teraz już możemy uruchamiać system testowy (patrz: „Pewność", stopień V, krok 3).

Przypomnieliśmy sobie wszystko, co jest nam potrzebne. Chcę Was uprzedzić: żeby osiągnąć sukces, nie wystarczy tylko przeczytać przytoczone powyżej przypomnienie technik poprzednich stopni, należy koniecznie powtórzyć je w praktyce. Uparcie proszę, byście to uczynili, w przeciwnym razie dalsza praca będzie bezowocna. Jeśli ktoś z czytelników coś zapomniał, powinien przypomnieć sobie wiadomości z poprzednich książek.

Gdy to już nastąpi – jesteście gotowi, by zacząć opanowywać to, co przed Wami.

Musimy dowiedzieć się bardzo dużo na temat świata własnych emocji wprowadzających w ruch nasz umysł oraz opanować informacyjne metody mentalnego oddziaływania na zdarzenia. Zatem – naprzód!

ROZDZIAŁ 2.

EMOCJE – BARWY ŚWIATA NASZE I TYCH, CO WOKÓŁ NAS

BIEGUNY „DOBRZE" I „ŹLE" NASZYCH EMOCJI

Na początku, zgodnie z obietnicą, krótkie streszczenie rozdziału w celu jego lepszego zrozumienia.

Do czego są nam potrzebne emocje? Po to, by w ogóle móc żyć, rozwijać się, poruszać naprzód, ponieważ tylko emocje mogą zmusić nas do działania, tylko odczucia „jest dobrze" / „jest źle" mogą sprowokować do jakiegokolwiek ruchu. Człowiek wyzuty z emocji – to osobnik chory, chociaż wszystkie jego układy fizjologiczne sprawują się bez zarzutu, będzie leżał w bezruchu, ponieważ brak mu bodźca, by wstać i dokądś pójść. Taki bodziec mogą wytworzyć tylko emocje.

Współczesna klasyfikacja emocji jest niejasna i płynna. Naukowcy gubią się w tym, co zaliczać, a czego nie do emocji. Nie będziemy zagłębiać się w szczegóły klasyfikacji, ponieważ dla nas ważne jest coś, co ma znaczenie fundamentalne – to, że wszystkie emocje można odnieść do jednego z dwóch biegunów: dodatniego i ujemnego – pozytywnego i negatywnego. Tu też nie spotkamy się z ogólnie przyjętą klasyfikacją, przyjdzie nam wobec tego kierować się własnym doświadczeniem w sferze odczuć: do pozytywnych emocji zaliczymy to wszystko, co jest dla nas przyjemne, natomiast do negatywnych – wszystko, co jest nieprzyjemne.

Mówiąc o emocjach, musimy jeszcze pojąć ważną kwestię – nie zależą one od świadomości. Zatem nie możemy, stosując bezpośredni wysiłek woli, bez uciekania się do autosugestii, nakazać sobie być wesołym czy smutnym, przestać się denerwować, uspokoić się itd. Emocje nie podlegają władzy świadomości, ponieważ zrodziła je podświadomość, starsza niż nasz umysł, troszczący się tylko o podstawowe kwestie naszego bytu – przede wszystkim kwestię przeżycia. Podświadomość wypuszcza negatywne emocje w odpowiedzi na sytuacje, które odbiera jako zagrażające życiu i pomyślności. Emocje pozytywne powstają jako rezultat naszych działań prowadzących, z punktu widzenia podświadomości, do przeżycia i pomyślności, tj. prawidłowych działań. Zmiana przekonań podświadomości za pomocą logiki i nakłonienie jej do określonych reakcji jest niemożliwa.

A jednak, mimo wszystko, można kierować emocjami. Możemy nauczyć się to robić, jeśli uwzględnimy, że nasza świadomość zawsze porusza się od emocji negatywnych do pozytywnych. Oznacza to, że człowiek zawsze stara się uciec od „źle" i podąża do „dobrze". Jednak wiecznie nie można przebywać w punkcie „dobrze" – jest to uwarunkowane fizjologicznymi osobliwościami naszego organizmu, ponieważ wypracowanie przez mózg szczególnych substancji odpowiadających stanowi „dobrze" wymaga odbudowania równowagi – wobec tego zaczyna się produkcja substancji włączających stan „źle". Dlatego, będąc w stanie „dobrze" i próbując ze wszystkich sił utrzymać się w nim, nie osiągamy pozytywnego rezultatu – organizm dążący do równowagi, niczym wahadło, odrzuca nas w przeciwną stronę. Zatem normalny, zdrowy człowiek całe życie przebywa w stanie wahania między punktami „dobrze" i „źle". Ruch odbywa się poza naszą wolą, a my możemy wykorzystać ten mechanizm, aby sterować emocjami i osiągać swoje cele. Nasze życie nie jest niczym innym, jak tylko tym wiecznym ruchem. Ponieważ jednak jest ruch – to znaczy, że jest także jakaś siła, jakaś energia dla pracy świadomości, zapewniająca ten ruch. Ta energia jest wytwarzana dzięki obecności w naszym życiu emocjonalnych biegunów „dobrze" i „źle". Gdy uświadamiamy sobie, jak jest nam teraz źle, gdy coś osiągamy – tworzymy wokół siebie potężne emocjonalne pole, w którym jakaś przemożna, nieznana siła dosłownie sama ciągnie nas od „źle" do „dobrze". Im większa jest różnica potencjałów w tym polu (tzn. im gorzej Wam teraz i im lepiej będzie po osiągnięciu celu), tym intensywniejszy będzie ruch.

Każdy człowiek posiada tę potężną, bezpłatną energię poruszającą go po życiu. Jeśli rozumnie podejdziemy do tej energii, możemy ją wykorzystać do tworzenia nowego świata wokół siebie – świata, do którego żaden człowiek przed nami jeszcze nie zawędrował, ponieważ jest to świat zupełnie nowego, nadczłowieczego poziomu. Do jego stworzenia nie wystarczy sama tylko myśl. Najlepsza myśl, najwspanialsza idea jest skazana na to, by umrzeć – nie urzeczywistni się, jeśli nie znajdzie się w polu emocjonalnym. Możecie myśleć, jak długo chcecie: „Warto by zmienić pracę...", „Dobrze byłoby wybrać się w podróż...", „Może się ożenić...", ale nie ruszycie z miejsca, dopóki Wasze myśli nie otrzymają silnego emocjonalnego wsparcia.

Dzieje się tak dlatego, że tylko emocje, a właściwie – emocjonalne bieguny „dobrze" i „źle', które wyraźnie odczuwacie w życiu, zdolne są uformować potężny wektor mogący prowadzić Was od „źle" do „dobrze", do nowej twórczości w życiu.

Zatem, aby poruszać się dalej, żeby tworzyć nowe, powinniśmy nauczyć się tworzyć w swoim życiu bieguny „źle" i „dobrze". Gdy nasz rozwój odpowiadał społecznemu poziomowi, bieguny te powstawały jakby same z siebie. Teraz jednak nie interesuje nas to, co ciekawi człowieka na poziomie społecznym. A poruszać się dalej trzeba – jednak tam, przed nami, na razie nie widać znajomych wartości emocjonalnych. Oznacza to, że musimy je stworzyć. W jaki sposób?

Na szczęście emocje posiadają jeszcze jedną ważną cechę: istnieją nie tylko w naszym wnętrzu, mogą też rozchodzić się na zewnątrz. Możemy przenosić emocje na innych ludzi i przedmioty. Gdy przenosimy pozytywne emocje na jakiś przedmiot, nabiera on tzw. emocjonalnego zabarwienia. Przestaje być tylko pozbawionym wyrazu, bezosobowym przedmiotem, staje się naszym przedmiotem ulubionym, bliskim. Swą emocjonalną wartość możemy przenosić na przedmiot świadomie, zgodnie z naszą wolą. Przepoiwszy swoją energią i swoimi emocjami zwykły ołówek, sprawimy, że będzie „nasz", bliski, ulubiony, co oznacza, że stworzymy mu emocjonalną wartość w świecie zewnętrznym.

Właśnie ta zdolność tworzenia emocjonalnych wartości w świecie zewnętrznym okaże się bardzo przydatna na nowym etapie! Nowy świat, którego dopiero się uczymy, pozbawiony jest jeszcze emocjonalnych wartości. Jednak my możemy je stworzyć – możemy emocjonalnie zabarwić świat zewnętrzny, wyprowadzając emocje z wnętrza na zewnątrz. Tym samym stworzymy pole emocjonalne będące gwarantem ruchu i rozwoju.

Stworzenie nowych wartości emocjonalnych jest gwarancją ruchu, postępu, ewolucji. Ludzie nic nie zaczęliby robić, nie zaczęliby zajmować się nauką, produkcją, sztuką, jeśli by ich nie pchał do przodu emocjonalny wektor ze stacji „źle" do stacji „dobrze". Na tym ruchu, w istocie, polega sens życia.

Przenosząc emocjonalne wartości z wnętrza do świata zewnętrznego, tworzymy nowe wartości w tym świecie. Stworzywszy owe wartości emocjonalne, możemy formować dwa silne bieguny: „źle" i „dobrze". Im silniejsze bieguny stworzymy, tym intensywniejszy i skuteczniejszy będzie nasz ruch. Im bardziej intensywny i skuteczny będzie ruch, tym bardziej olśniewająca będzie twórczość stwarzania nowego w świecie – nowego, którego nikt przed nami jeszcze nie znał!

Postęp ludzkości leży w naszych rękach. Zatem pozostaje jedno – iść naprzód.

EMOCJE – ŻYWIOŁ NIEPRZEWIDYWALNY?

Spróbujmy odpowiedzieć na pytanie: po co nam właściwie emocje? Czyż w życiu nie wystarczy po prostu rozróżnianie tego, co przyjemne i nieprzyjemne? Przecież to w pełni wystarczyłoby, by przeżyć. A my, nie wiadomo po co, czujemy radość, smutek, wesołość, złość... Czy to czasem nie jest zbędny luksus w naszym nie bardzo przecież komfortowo urządzonym świecie? Emocje często nie pomagają, a przeszkadzają w życiu. „Zalały go emocje" – tak mówimy o człowieku, który, będąc w ważnej, odpowiedzialnej sytuacji, nie potrafił podjąć prawidłowej decyzji, zachował się nieodpowiednio, nie znalazł wyjścia z trudnej sytuacji... A przecież mógłby sobie poradzić z każdym problemem, gdyby zachował „zimną krew" – „trzeźwy umysł"...

Wobec tego po co nam emocje? Może w ogóle nie są potrzebne? Przecież obecnie dla wielu ludzi ideałem jest superman – chłodny, nieulegający emocjom, beznamiętny, często z emocji wyzuty, ale za to zawsze zwycięski. Może też chcecie być tacy jak on i uważacie, że emocje – to symbol słabości, że silny człowiek doskonale się bez nich może obejść?

Oto, co Wam odpowiem. Człowiek, który zupełnie nie przejawia emocji, jest chory – to terminalna faza schizofrenii, cechująca się abulią – chorobliwym brakiem woli. Brak emocji absolutnie nie jest symbolem odporności i siły. Niestety, oznacza jedną z najcięższych diagnoz lekarskich. Chorzy z takim rozpoznaniem nie posiadają ani pragnień, ani woli. Do choroby dochodzi w wyniku zanikania określonej warstwy neuronów w korze mózgowej. Chorzy (zauważmy przy tym, że wszystko funkcjonuje normalnie, brak tylko emocji) po prostu leżą w bezruchu. Ich rozum i ciało pozostają bierne, bezczynne. Nic im nie przeszkadza w tym, by żyć – prócz braku emocji – i powoli giną – od odleżyn, pneumonii, rozkładu...

Emocje są potrzebne, wręcz niezbędne – mam nadzieję, że o tym już się przekonaliście. Emocje są niezbędne w odczuwaniu świata, istnieją po to, by doświadczać uczuć, rozróżniać dobro i zło, przydają się także w wielu innych sprawach. Jednak prawie wszystkie istniejące obecnie teorie naukowe na temat emocji przedstawiają je jako coś wtórnego – odczucia powstające w wyniku zdarzeń i okoliczności zewnętrznych lub stanów wewnętrznych.

Jednak to nie do końca jest prawdą. Przecież takie same okoliczności, zdarzenia czy stany nie zawsze prowadzą do jednakowych emocji. Taka sama emocja rzeczywiście powoduje u różnych ludzi stereotypowe reakcje, ale w takich samych okolicznościach różni ludzie różnie reagują, odpowiadają innymi emocjami. Wobec tego prawdą jest, że emocja nie jest zjawiskiem wtórnym. Przecież, gdyby tak było, to zawsze, bez wyjątku, we wszystkich przypadkach jednakowe zdarzenia powodowałyby u ludzi jednakowe emocje. Tak się nie dzieje, a to może oznaczać tylko jedno: emocja nie jest bezpośrednim następstwem zewnętrznych okoliczności, zatem nie jest także wtórna.

Powiem więcej: emocja w rzeczywistości nie tylko nie jest wtórna, jest – pierwotna. Jeśli pomyślimy, sami możemy dojść do wniosku, że wszystko zaczyna się właśnie od emocji. Emocja nie jest reakcją na jakieś zdarzenie, jest to działanie podświadomości, które popycha świadomość do następnego działania. Oznacza to, że emocja jest początkiem kolejnego świadomego działania – jest jego przesłanką.

Emocje są pierwotne – powstają w naszym wnętrzu. Zrodzone we wnętrzu, wychodzą na zewnątrz i zabarwiają nasze myśli oraz działania.

To właśnie emocje będące rezultatem pracy naszego głębokiego umysłu – podświadomości, wprawiają w ruch, doprowadzają do działania świadomość, zmuszając nas do dokonywania różnych uczynków, do rozwoju, do ruchu naprzód.

To kolosalne znaczenie emocji odnotowuje nawet Biblia w swych pierwszych wersach: „Wtedy Bóg rzekł: «Niechaj się stanie światłość». I stała się światłość. Bóg widząc, że światłość jest dobra, oddzielił ją od ciemności" (cyt. za *Biblia Tysiąclecia*). Czy rozumiecie? Jeśli by On nie zobaczył, że to jest dobre, a więc jeśli pierwszy dzień stworzenia nie zostałby pozytywnie oceniony, to nie czytalibyście teraz tej książki! Biblia, jako wytwór człowieka, jest antropomorficzna i dlatego odbija naturalny dla niego wewnętrzny świat.

Emocje są wszystkim dla każdego człowieka. To siła ducha, woli, ogień gorejący w sercu, pochodnia oświetlająca drogę. Jeśli zdarzenia i procesy mające miejsce wokół nie są zabarwione emocjami, wtedy są nam obojętne. A jeśli są obojętne, nie zajmujemy się nimi, nie zwracamy na nie uwagi, a przede wszystkim – nie jesteśmy zdolni do tego, by uświadomić sobie ich logicznie uwarunkowane, wzajemnie powiązane istnienie!

Emocje są potrzebne, żeby zmusić myśl do pracy, do zmieniania świata. To jedyny środek potrafiący dokładnie ukierunkować myśl, by otrzymać pożądany rezultat. To sposób oddziaływania ze Światowymi Prądami. Wszystkie techniki i metody nie mają sensu bez przydawania im niezbędnego kontekstu emocjonalnego.

Emocje ważne są także po to, by móc tworzyć. Przecież w przestworzach horyzontów nieogarniętych jeszcze ludzkim rozumem nie ma rzeczy zabarwionych emocjami. Nie ma na razie niczego znaczącego, ważnego dla nas, powodującego emocjonalny odzew. To znaczenie, tę wartość dopiero będziemy musieli stworzyć.

Ta wartość jest nam potrzebna, ponieważ właśnie ona niesie ze sobą radość życia – radość zarówno dla człowieka, jak i wszystkiego, co go otacza.

Jednak najpierw słów kilka o wartości, znaczeniu emocji jako siły napędowej w rozwoju człowieka.

Porozmawiajmy o przedmiocie naszego rozważania. Jakie znamy emocje, ile ich jest, w jakim stopniu są do siebie podobne, a w jakim się różnią? Ludzie obmyślili mnóstwo słów oznaczających emocje. Jednak do tej pory nie ma ich wyraźnej klasyfikacji. Stało się inaczej – ludzie sami zaplątali się w określeniach emocji i uczuć. Czy emocjami są radość, gniew, złość, smutek? Owszem. A strach, ból, w końcu – miłość? Czy to też emocje, czy już coś innego? Wszystko zależy od tego, w jakim znaczeniu czy kontekście używamy tego słowa: ból duchowy – to emocja, ale już ból zęba emocją nie jest, choć towarzyszą mu emocje (czasem bardzo mocne). Miłość – namiętność za wszelką cenę pragnąca posiadać obiekt pożądania – to emocja, ale już miłość bezinteresowna, bezwarunkowa, spokojna, niczego nie wymagająca od obiektu – to pewnie szczególny stan duszy, nie emocja... A czy przykrość jest emocją? Jeśli człowiek przy tym płacze, żali się – pewnie tak, ale jeśli czuje się obrażony i tylko siedzi, milcząco wpatrując się w jeden punkt, nie okazując żadnych emocji – czy to też emocja, czy może stan nazwany w medycynie prostracją (zupełnym wyczerpaniem)? Krótko mówiąc, wiele w tym plątaniny.

Można powiedzieć, że rutynowe określenia emocji w żaden sposób nie wyjaśniają sensu i znaczenia emocji dla człowieka, tylko wszystko gmatwają. Oprócz tego ta sama emocja, chociaż przejawia się podobnie, prowadzi do różnych następstw. Oto przykład: z powodu złości człowiek może zabić innego człowieka, ale może się także sam zastrzelić. Wszystko zależy od charakteru, od konkretnych okoliczności. Na świecie pełno jest zazdrośników, ale nie wszyscy, rzecz jasna, duszą swoje żony, jak uczynił to Otello z Desdemoną. Ta sama emocja – zazdrość, może prowadzić do bardzo różnych następstw! Oczywiście, tam mamy do czynienia z szekspirowskimi namiętnościami, tam można nawet udusić żonę podejrzewaną o zdradę. Natomiast we współczesnym życiu bardziej możliwą do przyjęcia reakcją byłoby zatrudnienie prywatnego detektywa i, gdy podejrzenia o niewierność potwierdziłyby się – rozwód z podziałem majątku na korzyść zdradzonego. Wtedy wilk syty i owca cała. Tak, zmiękły nieco przejawy emocji w naszych czasach!

Przyjmując za punkt wyjścia to, co powiedziałem wcześniej, można dojść do wniosku, że całe nasze wyobrażenie o emocjach ma bardziej poetyckie niż naukowe znaczenie. Tak jest rzeczywiście. Teoria naukowa powinna posiadać siłę przepowiadania. Obiekt badany w ramach tej teorii powinien poddawać się prognozowaniu stosunkowo łatwo. W przeciwnym wypadku teoria naukowa do niczego się nie nadaje. Jest ona nieprzydatna także wtedy, gdy w celu przewidzenia zachowania się obiektu potrzeba zbyt dużo danych wyjściowych. Oto przykład: teoria względności do niczego by się nie nadawała, jeśli do prognozowania prędkości spadającego przedmiotu wymagane byłyby dane o historycznym pochodzeniu tego przedmiotu! A przecież w celu prognozowania zachowania emocji w tym czy innym przypadku potrzebne są znacznie bardziej złożone, wielorakie i trudno dostępne dane wyjściowe.

Spróbujemy znaleźć prostsze i możliwe do przyjęcia opisanie emocjonalnych mechanizmów, powiedzmy – bazowe. Zaraz do tego przystępujemy.

Kij i marchewka dla świadomości

Co my w ogóle wiemy o emocjach? Po pierwsze wiemy, że nie poddają się świadomej kontroli. To najważniejsze, co o nich wiemy. Wielokrotnie mogliśmy się o tym przekonać. Ileż to razy mówiliśmy sobie: „Nie denerwuj się". Efekt – zdenerwowanie tylko narastało. W większości przypadków w ten sam sposób nie można wysiłkiem woli rozkazać sobie nie bać się, nie być skrępowanym, rozdrażnionym albo przestać się złościć. Jeśli nie macie wspaniałych zdolności aktorskich, nie będziecie w stanie zmusić się do tego, by wysiłkiem woli śmiać się lub płakać, nie wmówicie sobie konieczności codziennego cieszenia się życiem, nie doświadczając zmartwień czy smutku. Jeśli nawet kilka dni z rzędu uda Wam się to, by siłą woli trwać w stanie nieprzerwanej radości życia, to jednak potem wahadło emocji, zupełnie nie pytając Was o zgodę, zwróci się w przeciwnym kierunki, a Wy pogrążycie się w smutku i tęsknocie. Dlaczego? Ponieważ emocje nie cierpią przemocy, gwałtu, zniewolenia. Są na to zbyt delikatne.

O ileż prostsze stałoby się życie, gdybyśmy potrafili wysiłkiem woli sterować swoimi emocjami! Nie istniałaby potrzeba czytania podręczników, nazwijmy je umownie: „Uczcie się panowania nad sobą", „Jak zacząć cieszyć się życiem?", „Jak być sobą?". Naciśniemy guzik – będziemy się śmiać, naciśniemy inny – zapłaczemy, trzeci – od razu przejdzie złość, minie rozdrażnienie i będziemy radośnie postrzegać świat. Czy chcecie być taką maszyną, robotem sterowanym przez przyciśnięcie guzików? Ja – nie.

Emocje nie zależą od naszej świadomości – to fakt.

Jeszcze inny fakt – chodzi o to, że chociaż emocje nie wypływają wprost ze zdarzeń zewnętrznych, jednak w określony sposób odpowiadają na te zdarzenia. Oto przykład: wyszliśmy do pracy w dobrym humorze, ale byliśmy świadkami wypadku drogowego i nastrój się pogorszył, zrobiło nam się smutno. Ktoś inny zauważył, że w wypadku ucierpiał samochód jego zajadłego wroga i to go ucieszyło. Oto jeszcze jeden dowód na to, że konkretna emocja nie jest bezpośrednim następstwem konkretnego zdarzenia. Zdarzenie jest jedno, ale reakcje mogą być różne.

Następny znany nam fakt: emocje pojawiają się nie tylko (a może nawet nie tyle) w rezultacie zdarzeń zewnętrznych, ale także w efekcie myśli powstałych z tej okazji. Emocje odpowiadają na nasze myśli: dlaczego może się popsuć nastrój, gdy widzimy wypadek? Obraz ten wyzwolił myśli o marności wszystkiego, co żyje, o iluzoryczności wartości materialnych i o tym, że na tamten świat nikt nic ze sobą nie zabierze. Smutek pojawia się dopiero jako odpowiedź na te myśli. Inny człowiek podczas tego samego zdarzenia dojdzie do wniosku, że jego przeciwnik został unieszkodliwiony i teraz on, a nie jego konkurent, może pochwalić się w danym rejonie najlepszą zachodnią marką samochodu. W odpowiedzi na takie myśli napłynie niczym niezmącona radość.

I jeszcze fakt, który wszyscy znamy. Emocje mogą okazywać wpływ na pracę świadomości człowieka i, w wyniku tego, także na jego zachowanie, zabarwiając te same okoliczności różnymi, nawet kontrastowymi, przeciwstawnymi tonami. W przykładzie dotyczącym wypadku pierwszy z ludzi może pójdzie do cerkwi, pomodli się, zapali świeczkę za zdrowie swoje i swoich bliskich. Drugi z radości wyda bankiet w restauracji albo kupi żonie modne futro. Miało miejsce tylko jedno zdarzenie, ale spowodowało różne warianty zachowania, ponieważ pierwotne emocje były różne. Każdy z nas wie, jak, w zależności od emocji, możemy postrzegać to samo zdarzenie. Dziewczyna porzuciła chłopaka, a ten wpadł w depresję. I oto przyszedł do niego najlepszy przyjaciel, przyniósł butelkę szampana i powiedział: „Winszuję Ci, nareszcie uwolniłeś się od tego ścierwa! Teraz wreszcie będziesz mógł sobie znaleźć dziewczynę, która jest coś warta!”. Wtedy nastrój się poprawia. Wszystko zależy od tego, z jakiej strony patrzymy na sytuację. Kiedyś popularna była piosenka: „Gdy do innego odejdzie od ciebie dziewczyna, nie wiadomo, komu się naprawdę poszczęściło".

Na koniec jeszcze jeden znany fakt. Emocje czasem powstają w nas bez żadnej widocznej przyczyny. To znaczy, że przyczyna z pewnością jest, ale z jakiegoś powodu jej nie znamy. Wszyscy tego doświadczyliśmy: rano, po przebudzeniu, zrobiło nam się jakoś smutno. Przyczyna jest, ale niejasna, niezrozumiała. Tkwi zapewne gdzieś w podświadomości. Chcemy dociec, dlaczego jesteśmy smutni i w żaden sposób się to nie udaje.

Z tego wszystkiego można wyciągnąć tylko jeden wniosek: emocje nie są produktem świadomości, a wytworem bardziej głębokich struktur – podświadomości. Jeśli by tak nie było, to emocje byłyby kontrolowane przez świadomość, można byłoby nimi kierować, podporządkowałyby się sterowaniu przy pomocy prostego wysiłku woli i nie powstawałyby same z siebie, samoistnie, a nas nie ogarniałby smutek bez widocznej przyczyny.

Zatem emocje są produktem podświadomości. Czym, wobec tego, jest podświadomość? Powinniśmy umieć ją jakoś określić. A może jest to coś tajemniczego, mistycznego?

Nie, oczywiście, że nie. To także nasz umysł – tylko umysł prastary, który nie rozumie słów czy wyższej matematyki. Dla niego znaczenie mają ważniejsze sprawy od tych, którymi interesuje się świadomość. Świadomość jest niespokojna, ruchliwa i interesowna. W krąg jej zainteresowań wchodzą takie rzeczy, jak: prestiż, pozycja społeczna, sprawiedliwość – niesprawiedliwość, plany na dzień, na rok... Podświadomość operuje tymi faktami zewnętrznego świata, które dotyczą utrzymywania się przy życiu, bezpieczeństwa, rozrodu, tj. tymi, które można odnieść do kluczowych, fundamentalnych momentów istnienia człowieka. Nasze myśli powstające w świadomości podświadomość postrzega jako fakty zewnętrznego świata. Oto dlaczego nasz nastrój może zepsuć się z powodu myśli.

Podświadomość myśli na swój powolny, postępowy sposób. Rezultat jej pracy – to właśnie nasze emocje!!! Świadomość z punktu widzenia biologii przeznaczona jest właśnie do tego, żeby urzeczywistniać potrzeby podświadomości. Dlatego właśnie myśli i emocje założone w podświadomości posiadają władzę nad świadomością, kierują jej pracą. Jest to uzasadnione – przecież, z biologicznego punktu widzenia, myśli i uczucia ulokowane w podświadomości są ważniejsze dla przeżycia. Tak samo jest z drzewem – dla jego przeżycia ważniejsze są procesy ruchu soku wewnątrz pnia niż obecność czy brak liści na gałęziach. Brak liści nie jest równoznaczny ze śmiercią drzewa, może to być po prostu oznaka zimy. Jednak gdy drzewo uschnie od wewnątrz – to już gorzej. Tak właśnie jest z człowiekiem: nie jest ważny jego wygląd – to, czy jest wesoły, smutny, zły czy dobry. Może to być tymczasowy, krótkotrwały przejaw. Znacznie ważniejsze jest to, co kryje się w głębi jego duszy, w podświadomości – czy są to pokłady zła, czy góry radości. Jest to „podtekst", który, nie zawsze widoczny dla nieuzbrojonego oka, określa życie i śmierć człowieka.

To właśnie podświadomość zmusza świadomość do zachowywania się w określony sposób. Zobaczmy, jak to się odbywa.

Nie będziemy wdawać się w nieważne dla nas szczegóły – sprowadziłoby to rozważania ku obszernej klasyfikacji emocji i stanów emocjonalnych przyjętych w klasycznej psychologii. Wyodrębnijmy tylko dwa bieguny: emocje pozytywne i negatywne.

Dlaczego klasyfikujemy je jako pozytywne i negatywne? Ponieważ są przyjemne lub nieprzyjemne. Co staramy się zrobić (czytaj: co stara się zrobić nasza podświadomość), stykając się z tymi emocjami? Unikamy nieprzyjemnych emocji lub dążymy do tego, by się skończyły. Chcemy doświadczać emocji przyjemnych lub dążymy do tego, by powstały. W tym właśnie zamyka się sens naszego zachowania w każdej sytuacji. Gdy odczuwamy chłód – szukamy możliwości ogrzania się. Jeśli jest ciepło, troszczymy się o to, by stan ten trwał jak najdłużej. Kiedy zgłodniejemy – szukamy jedzenia, a syci – marzymy o tym, by tak było zawsze. Człowiek dąży do tego, by czuć się lepiej. I proszę nie mówić, że należycie do wyjątków i nie dążycie do tego, by tak było w Waszym przypadku. Szukacie tego stanu, tak jak to robią inni. Różnica polega na tym, że każdy inaczej rozumie to „lepiej". Dla jednych „lepiej" będzie oznaczać wygrzewanie się przy piecu, dla drugich dzielną walkę z trudnościami w bezkresnym stepie i nieprzebytych górach. Cóż, o gustach się nie dyskutuje.

Zawsze i wszędzie staramy się uciec od nieprzyjemności i zmierzać do tego, co jest przyjemne. Pozostałe niuanse zachowania – to już tylko szablony, według których nasza świadomość reaguje na określone okoliczności. W odpowiedzi na negatywne emocje, np. strach, różni ludzie reagują różnie, w zależności od szablonu w podświadomości. Jedni starają się uciec przed niebezpieczeństwem – prawdziwym czy urojonym, inni stawiają mu czoła, rzucając się na nie z pięściami czy z bronią. Jednak obie te reakcje niczym się od siebie nie różnią, ponieważ przyświeca im ten sam cel: żeby strach się skończył. Strach można przerwać na dwa sposoby: niszcząc jego źródło lub uciekając jak najdalej od niego. W zależności od indywidualnych cech, różni ludzie uciekną się do określonego sposobu, nie zastanawiając się nad tym, że cel mają taki sam – skończyć ze strachem.

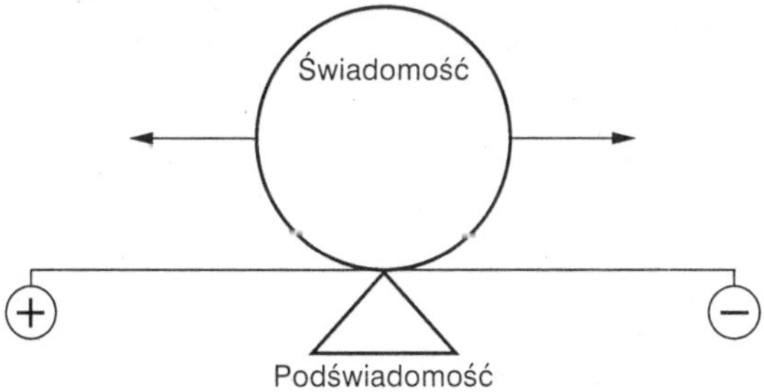

Rys. 18. Świadomość, niczym piłka, przesuwa się po desce emocjonalnej huśtawki.

Nasza świadomość zawsze i wszędzie porusza się po tej samej drodze: od emocji negatywnych do pozytywnych. Od plusa do minusa. Oto są właśnie te dwa przeciwstawne bieguny, bez których niemożliwy byłby żaden ruch. Gdyby nie było biegunów, nasza świadomość po prostu by spała, byłaby bezczynna. Po co w ogóle robić cokolwiek, jeśli nie ma przed czym uciekać ani do czego dążyć?

Oto, na czym polega sens istnienia pozytywnych i negatywnych emocji – są one przysłowiowym kijem i marchewką dla świadomości! To środek zmuszający ją do życia, jakiegoś ruchu. Nasza świadomość wciąż biega od kija do marchewki, kursuje od stacji „źle" do stacji „dobrze", nie znając odpoczynku, nie mając żadnego przystanku po drodze. Tego właśnie trzeba podświadomości – przecież ona wie: po to, by żyć, należy podtrzymywać równowagę między tym, co pozytywne, i tym, co negatywne. Świadomość popędzana batem i zachęcana marchewką sama szuka drogi wyrównania tego bilansu. Podświadomość spogląda na ten wieczny bieg po okręgu i jest zadowolona, jeśli równowaga zostanie odbudowana (wtedy jest nam dobrze) albo bije na alarm, gdy jej nie ma (wtedy jest nam źle, po raz kolejny zaprzęgamy świadomość do pracy i myślimy, dokąd biec, co robić, żeby było dobrze).

Czy domyślacie się, po co o tym wszystkim mówię? Musimy zdać sobie sprawę z tego, że, chociaż emocje nie podporządkowują się świadomości, człowiek może znaleźć klucz do kierowania nimi. W tym celu trzeba opanować kierowanie dwoma emocjonalnymi biegunami – tym „kijem i marchewką" dla świadomości.

Aby rozwiązać nasze zadanie, nie musimy zapuszczać się w gęstwinę psychologicznych emocji. Żeby móc kierować samym sobą, swoją świadomością, wystarczy tylko opanować kierowanie emocjonalnymi biegunami: plusem i minusem. Jeśli się tego nauczymy, świadomość sama zorientuje się, ukierunkuje i znajdzie odpowiadające tym biegunom emocje wyższego rzędu.

Jak można się nauczyć kierować tym, co, na pierwszy rzut oka, nie poddaje się kierowaniu?

Zanim odpowiemy na to pytanie, najpierw poznamy fizjologiczny mechanizm założony w naszym mózgu, który odpowiada za bieguny plus i minus – za pozytywne i negatywne emocje. Od pracy tego fizjologicznego urządzenia zależą nasze możliwości kierowania emocjami.

Przycisk: równowaga encefalinowo-endorfinowa

Bardzo ważne jest zrozumienie zasady działania tego fizjologicznego mechanizmu, ponieważ od dynamiki pracy tego układu zależy dynamika zmian naszych nastrojów. Rzecz jasna, przywykliśmy sądzić, że emocje – to materia delikatna, wyższa, energoinformacyjna – dlaczego więc nagle mówimy o fizjologii? Nie powinniśmy zapominać o tym, że na razie jesteśmy jeszcze istotami ziemskimi, materialnymi, zatem powinniśmy żyć w ciele podporządkowującym się prawom fizjologii. W żaden sposób nie możemy zignorować tego faktu, a ci, którzy tak myślą (i robią), drogo za to płacą. Ponieważ ciało zostało nam dane, pozwólcie sobie istnieć w wymiarze cielesnym, nie tylko duchowym. Jeśli natura chciałaby, byśmy byli wyłącznie istotami duchowymi, z pewnością nie obarczyłaby nas ciałem. Nasza sytuacja, zadanie do wykonania na Ziemi to wzrost świadomości w ziemskim ciele, nie poza nim.

Ciało fizyczne, energoinformacyjne struktury człowieka i dusza składają się na jedną całość, nie są to części oderwane od siebie. Dlatego emocje, chociaż posiadają energoinformacyjną naturę, bezpośrednio wiążą się z fizjologią – bez niej po prostu nie mogłyby się przejawiać w świecie materialnym, tj. nie istniałyby w kształcie, w którym je znamy.

Czym jest ten fizjologiczny mechanizm, z którym bezpośrednio wiążą się nasze emocje? Przygotujcie się teraz, skupcie – musimy przebrnąć przez kilka czysto naukowych kwestii. Nie będziemy rozpatrywać mechanizmu odnoszącego się do bogatej regulacji hormonalnej wpływającej na odcienie i siłę przejawiania się wewnętrznych stanów człowieka. Nie będziemy skupiać się na konstruktywności czy destruktywności emocjonalnych przejawów, ponieważ zależy to od sytuacji. Zajmiemy się tylko układem zapewniającym pozytywną lub negatywną modalność emocji.

W ludzkim mózgu istnieją dwa antagonistyczne układy: encefalinowy i endorfinowy; dokładniej rzecz ujmując, zwykle uważa się je za jeden wzajemnie powiązany układ encefalinowo-endorfinowy.

Gdy jest nam źle, w mózgu powstają specyficzne substancje – encefaliny. Tak powiedzielibyśmy o nich ogólnie. Jeśli jednak mówić precyzyjnie, lepiej powiedzieć tak: gdy zachodzą zdarzenia oceniane przez naszą podświadomość za zagrażające życiu lub sprzeczne z jego zadaniami, wtedy są produkowane encefaliny. Wówczas zaczyna nam być źle!

Zaczyna być źle właśnie dlatego, że rusza produkcja encefalin, a nie odwrotnie! Bez encefalin nie byłoby nam źle. To właśnie one powodują w nas negatywne odczucia, które zawiadamiają emocje o „negatywnym ładunku".

To samo, tylko na odwrót, zachodzi podczas produkcji endorfin. Zdarzenia są rozpoznawane przez podświadomość jako zgodne z zadaniami przeżycia i sprzyjające życiu oraz korzystne dla całego organizmu – produkowane są endorfiny. Podwyższony poziom endorfin powoduje odczucia, które możemy nazwać pozytywnymi emocjami.

Bez endorfin nigdy nie może być dobrze!

U niektórych czytelników słowa te wzbudzą niezadowolenie. Czy wszystkie nasze duchowe porywy, wzloty we śnie i na jawie, marzenia, sny, radości i smutki mamy przypisywać substancjom chemicznym? Cóż to za mechaniczne postrzeganie świata? Niektórzy mogą pomyśleć, że to zbyt uproszczone podejście, w żadnej mierze niewyczerpujące całej głębi złożonego przecież istnienia człowieczego ciała i ducha.

Nie, nie jest to mechaniczny światopogląd – to światopogląd realistyczny, jeśli nie będziemy wpadać w skrajności i zawężać problemu, sprowadzając go tylko do chemii. Widzenie – w dosłownym znaczeniu tego słowa – jest niemożliwe bez narządu wzroku. Podobnie rzecz ma się z endorfinami – bez nich nie ma pozytywnych emocji. Oczywiście, ani znaczenie dla nas różnych zdarzeń i faktów, ani bogactwo odczuć przy tym doświadczanych, ani stopień subtelności czy głębi naszych emocji – nie są sprowadzane do działania substancji chemicznych. Jednak te związki chemiczne nie są niczym innym, jak mechanizmem umożliwiającym przejawianie się, realizowanie delikatnej materii – emocji, w ciele fizycznym. Jesteśmy ludźmi, żyjemy w ciele, bez ciała nic nie możemy. Bez układu kostnego człowiek nie może się poruszać, niezależnie od tego, do jakich porywów popychałaby go dusza. Bez układu nerwowego nie poruszymy kończynami, choćby mózg, kierowany uczuciami wyższymi, wysyłał rozkaz o poruszaniu się. Bez encefalin i endorfin nic nie poczujemy, choćby nawet wokół świat się walił, na miotłach latały wiedźmy albo gdyby wszyscy szaleńczo się cieszyli w radosnym uniesieniu. Dusza wraz z ciałem eterycznym i świadomością bez ciała fizycznego odczuje coś na kształt emocji, jednak dopóki człowiek żyje w ciele, jest bardzo uzależniony od swojej fizjologii i silnych odczuć, o których informuje go fizjologia – nic na to nie można poradzić.

Encefaliny i endorfiny stanowią mechanizm generowania subtelnych odczuć na poziomie materialnym, fizycznym. Dlaczego zrozumienie tego jest teraz dla nas tak ważne? Dlaczego nie wystarczy po prostu powiedzieć (jak to już powiedzieliśmy), że emocje posiadają dwa bieguny? Po co grzebać się w ich fizjologicznym mechanizmie?

Wszystko polega na tym, że aby lepiej zrozumieć problem, powinniśmy uświadomić sobie, że encefaliny i endorfiny działają kompleksowo na ludzki organizm. Oznacza to, że przy produkcji określonych substancji nie tylko zmienia się nasze postrzeganie świata ze „źle" na „dobrze" i odwrotnie, ale zmianie ulega także wiele innych spraw. Ważne jest ponadto zrozumienie tego, w jaki sposób i dlaczego układ encefalino-endorfinowy jako mechanizm fizjologiczny zawsze dąży do równowagi.

Rozważmy zatem ten problem.

Gdy mamy wysoki poziom encefalin, jest nam źle. Jednak oprócz tego znacznie zwiększa się nasza wrażliwość na bodźce, szczególnie bólowe. Czy to dobrze, czy źle? Powiecie, że to oczywiście źle – co dobrego wynika z odczuwania bólu? Nie macie racji. We wszystkim, co złe, zawsze jest cząstka dobra. Ten przypadek nie jest wyjątkiem. Następuje produkcja encefalin – jest nam źle – zwiększa się nasza reakcja na ból... Jednak dzięki temu organizm zaczyna trwać w swego rodzaju gotowości bojowej. Znacznie wyraźniej odczuwa niebezpieczeństwo – ma przecież podwyższoną wrażliwość na różne bodźce. Reakcja świadomości na wszystko, co zachodzi wokół, staje się szybsza. Polepsza się koordynacja ruchu i reakcja ruchowa. Teraz możemy szybciej uciec przed niebezpieczeństwem. Teraz łatwiej pokonać wroga – działamy przecież szybciej, dokładniej, i bardziej zwinnie niż zazwyczaj. Oprócz tego, organizm automatycznie przechodzi na optymalne wydatkowanie energii – jeśli trzeba, oszczędza ją albo zużytkowuje jej zapas. Wielu z nas bywało w trudnych sytuacjach, w których groziło prawdziwe, większe lub mniejsze, niebezpieczeństwo. Wszyscy znają ten stan – to stan stresu. Stres bywa jednak korzystny, pod warunkiem, że nie trwa zbyt długo. Będąc w stanie stresu, łatwiej jest zwyciężyć, osiągnąć sukces, ale tylko po warunkiem, że stan ten się nie przeciąga, że jest krótkotrwały. Znam wielu aktorów, a także ludzi innych zawodów, u których profesja właśnie związana jest z publicznymi wystąpieniami. Mówią oni: „Jeśli nie denerwuję się przed swoim wystąpieniem, to pewny znak tego, że poniosę klęskę. Jeśli natomiast bardzo się boję, jeśli ze strachu oblewa mnie zimny pot – to moje zwycięstwo jest bliskie". Oto ten mechanizm: strach – zdenerwowanie – źle – mobilizacja organizmu – siła, potęga, szybkość reakcji, trafność działań – zwycięstwo – dobrze. Organizm odbudował niezbędną dla siebie równowagę.

Co dzieje się, gdy poziom endorfin jest bardzo wysoki? Tak, jest nam dobrze. Czy we wszystkich jednak aspektach jest to dobre? Obniża się wtedy wrażliwość na bodźce, także bólowe. Gdy jest nam naprawdę dobrze, możemy zapomnieć o bólu czy poważnej chorobie. Dlaczego jednak wrażliwość ulega obniżeniu? Aby nie reagować na drobiazgi, które, jak sądzi podświadomość, w danej sytuacji nie są niebezpieczne, są po prostu nieważne. Jeśli czujemy, że wszystko idzie dobrze, to znaczy, że jesteśmy na właściwej drodze, robimy wszystko tak, jak należy, udaje się rozwiązać ważny problem dotyczący przeżycia i powodzenia. Oto przykład: zdecydowaliśmy się rozwiązać bardzo ważną kwestię przedłużenia gatunku i w tym celu udajemy się na randkę z osobą płci przeciwnej. Podświadomość też podziela nasze danie – zadanie jest ważne, należy zrealizować je za wszelką cenę. Dlatego z pola widzenia znika ból zębów gnębiący nas jeszcze pół godziny temu, a także ból kręgosłupa, kaszel i katar oraz wiele innych problemów. Nie oznacza to natychmiastowego powrotu do zdrowia – po prostu na jakiś czas przestaliśmy odczuwać swoje dolegliwości i choroby. Jeśli randka nie przeradza się w kolejny stres i czujemy się naprawdę dobrze – nie mamy żadnych innych stanów, nastrojów – reakcja świadomości spowalnia się, posiada większą inercję, koordynacja ruchowa przestaje być dokładnie kontrolowana (nie musimy przecież ani uciekać, ani się bić). Organizm nie jest nastawiony na obronę – nie oszczędza energii, szczodrze natomiast ją rozdaje – dlatego jego opór obniża się.

Poobserwujcie się, gdy jesteście w stanie relaksu, w spokojnym nastroju. Tak, jest dobrze – jednak, będąc w takim stanie, z pewnością nie pokonacie nawet najsłabszego wroga. Wtedy nawet ze zwykłą dziecięcą grą komputerową, np. ze „strzelanką", trudno będzie sobie poradzić. Spróbujcie – a przekonacie się sami.

Dla nas ważne jest to, że w pewnych sytuacjach wrażliwość się podwyższa, a w innych – obniża. Z tym wiąże się bezpośrednio zdolność do walki, do zwycięstwa – a to przekłada się na przeżycie.

Jednak warto zauważyć, że normalny człowiek, z bardziej lub mniej zdrową psychiką, stale przechodzi z jednego stanu w drugi, nie tkwiąc zbyt długo w żadnym z nich; człowiek z jeszcze bardziej zdrową psychiką w ogóle balansuje gdzieś pośrodku, poruszając się tam i sam, prawie nie doświadczając skrajności.

W taki sposób układ encefalo-endorfinowy dąży do zachowania równowagi. Cóż to oznacza? To, że podświadomość zna granicę swoich wymagań. Tak, ona mogłaby doprowadzić człowieka do zupełnej euforii – aż do postradania zmysłów z radości albo do totalnej depresji – z samobójstwem włącznie. Na szczęście takich skrajności bywa bardzo mało, występują tylko w przypadkach patologicznych.

U normalnego człowieka wszystko przebiega w następujący sposób: podwyższenie poziomu endorfin po jakimś czasie spowoduje podwyższenie poziomu encefalin, po czym poziom endorfin sam zacznie się obniżać. I odwrotnie. Omawialiśmy już ten przykład – wiązał się z wyjściem na scenę: strach – zdenerwowanie – podwyższony poziom encefalin – źle – zwiększenie szybkości reakcji i gotowość bojowa – sukces – zwycięstwo – podwyższenie poziomu endorfin – obniżenie poziomu encefalin – dobrze. Dlaczego wszystko właśnie w ten sposób przebiega?

Dzieje się tak, ponieważ organizm nie chce zginąć. Przecież istota życia polega na ruchu. Zastój, brak ruchu – to koniec życia. Żyjemy, dopóki potrafimy poruszać się od „źle" do „dobrze". Gdy wpadamy w jakąś skrajność i zastygamy w niej nieruchomo – giniemy.

Dlatego nie należy gnać na łeb, na szyję, na nic się nie oglądając, do stanu „dobrze", dążyć do samej tylko ciągłej radości. Poziom endorfin nie może rosnąć w nieskończoność, powinien wracać do normy. A przecież każde „dobrze" szybko potrafi się przejeść, przestaje tak wzruszać, jak dawniej – wtedy zechcemy większego „dobrze". Będziemy chcieli bezgranicznie zwiększać poziom endorfin. W końcu „zawiesimy się" – nie starczy już sił, nie będziemy potrafili ruszyć z miejsca. A przecież nasz organizm musi wciąż radzić sobie z problemami – chronić przed niebezpieczeństwem, powalczyć – jeśli będzie trzeba, powziąć decyzję w jakiejś pozytywnej sprawie. Jednak nic nie będzie w stanie zrobić, jeśli „się zawiesi" – nie będzie mógł uporać się z codziennymi palącymi problemami, wymogami życia, zatem – zginie.

Jeśli poziom encefalin rósłby nieustannie, człowiek przebywałby w stanie wiecznego boju – wciąż walczyłby z wrogami i okolicznościami, tracąc przy tym poczucie realności, nie rozumiejąc, że dawno już powinien walki zaniechać, zebrać siły, odpocząć – w przeciwnym wypadku będzie wyczerpany, a wtedy u jego wroga znacznie wzrosną szanse na zwycięstwo. Owszem, należy walczyć, próbować pokonać wroga albo wrogie okoliczności – a potem – stop, wystarczy. Trzeba odpocząć, ocenić swe siły: kontynuować walkę czy pogodzić się z sytuacją i przyzwyczajać do życia w nowych warunkach. Jeśli nie uda się pokonać przeszkody od razu, jeśli „ugrzęźniemy" w niej, nigdy już jej nie pokonamy. Czasami warto odejść na bok, pożyć przez chwilę w cieniu tej przeszkody – potem nastąpią sprzyjające okoliczności, by ją obejść.

Widzimy zatem, że przeważanie pozytywnych i negatywnych emocji jest płynne i ma w zwyczaju zawsze dążyć do równowagi. Tak już pomyślany został nasz organizm. Czy jest to mądre? Oczywiście!

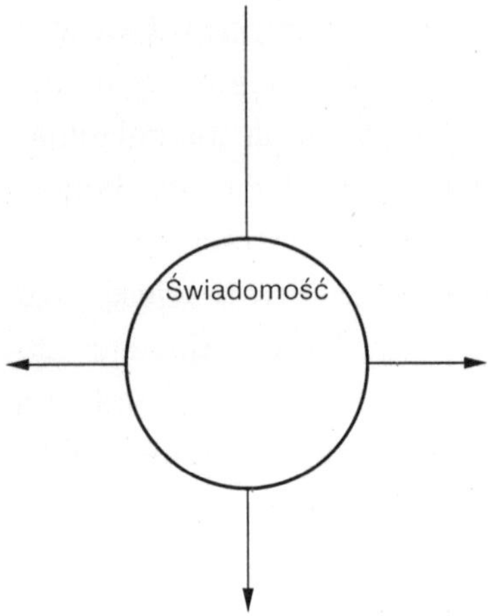

Rys. 19. Układ encefalino-endorfinowy przywraca bilans emocjonalny, podobnie jak siła ciężkości nieustannie doprowadzająca wahadło do stanu równowagi.

Mózg ludzki sam przestrzega równowagi plus – minus. To gwarantuje nam przeżycie. Ni mniej, ni więcej.

Jak już wiemy, przeżycie zależy od układu encefalino-endorfinowego – najpotężniejszego układu ludzkiego mózgu. Jest on naprawdę potężny – posiada wprost nieprawdopodobny potencjał.

Co dzieje się w przypadku zakłócenia układu encefalino-endorfinowego, doskonale widać w przypadku narkomanów. Wiemy o istnieniu heroiny. Ona, podobnie jaki inne narkotyki z rodzaju opium, naśladuje działanie endorfin.

Narkoman robi to, czego akurat robić nie należy – dąży do nieprzerwanego, nieustannego podniesienia poziomu endorfin. Przy czym poziom wprowadzanych substancji wielokrotnie przewyższa ich zwykły, fizjologiczny poziom! Tak, na początku człowiek czuje się wspaniale – takiego stopnia wspaniałości nie osiągnie się przy fizjologicznym poziomie endorfin. Jednak potem wrażliwość obniża się do tego właśnie poziomu – i wtedy potrzeba coraz więcej narkotyku, żeby poczuć się dobrze. W rezultacie powstaje zależność – człowiek nie może żyć bez narkotyku, przy czym potrzebuje coraz większych jego dawek.

Co dzieje się dalej? Organizm wciąż jeszcze stara się przywrócić stan równowagi. Mózg dąży do kompensacji podwyższonego poziomu endorfin przez wytworzenie odpowiadającego im poziomu encefalin. Cóż to oznacza – z pewnością wiecie: z raju człowiek wpada w takie otchłanie piekieł, że uchowaj, Boże.

Jeśli narkoman przestanie zażywać narkotyki, jest jeszcze gorzej: zaczyna się niszczenie, rozwalanie siebie. To straszny stan, w którym człowiek nagle zaczyna odczuwać ogromny ból wynikający nawet ze zwykłej pracy narządów wewnętrznych. Brak określonej choroby, organizm tylko pracuje, ale z tego powodu odczuwany jest straszny ból. Dlaczego tak się dzieje? Poziom endorfin w organizmie, sztucznie podwyższony za pomocą narkotyku, prowadzi do tego, że organizm traci zdolność samodzielnego produkowania endorfin. Po co miałby się trudzić i to robić, jeśli dostaje je z zewnątrz i do tego w ogromnych dawkach? Narkotyk zostanie odstawiony, ale niestety, organizm odzwyczaił się już od produkcji endorfin. W rezultacie nie ma ich w organizmie, za to poziom encefalin (kompensacyjnych) jest bardzo wysoki. I tak oto wszystkie bólowe reakcje są niezwykle wyostrzone – aż do granic wytrzymałości, człowiek zaczyna odczuwać ból podczas zwykłej pracy narządów (te składniki bólowe zawsze towarzyszą pracy narządów, choć zwykły zdrowy człowiek ich nie odczuwa, ponieważ ból jest „maskowany" przez endorfiny).

Jednak najstraszniejsze dopiero przed nami. W przypadku konsekwentnego, dobrego leczenia narkomana występujący u niego poziom endorfin produkowanych przez mózg stopniowo dojdzie do normy. Lecz, mimo wszystko, nigdy nie osiągnie tego poziomu, który gwarantuje heroina. Może zatem pojawić się chęć powtórnego przeżycia doświadczeń z narkotykiem. Dlatego tak trudno jest leczyć narkomanów i tak wiele jest przypadków powrotu do nałogu. Narkotyk staje się sensem życia, przyjacielem, rodziną. Nawet wtedy, gdy człowiek sam chce wyjść z nałogu, gdy wkłada w to wszystkie siły, wyleczenie jest niezwykle trudne – wystarczy zdenerwowanie z jakiegoś powodu, by w mózgu wytworzyła się taka dysharmonia, taki brak równowagi substancji chemicznych, że osiągnięcie równowagi bez pomocy narkotyku staje się praktycznie niemożliwe. U leczącego się narkomana brakuje wytrenowania układu endorfinowego, pewnie jest on nawet w stanie atrofii w wyniku przyjmowania narkotyków, a to oznacza, że endorfiny nie są produkowane samodzielnie. Odwrotna sytuacja ma miejsce z układem encefalinowym – w produkcji encefalin organizm jest obeznany – musiał przecież odbudowywać równowagę po zażywaniu przez narkomana heroiny – oznacza to, że ecefalina była nieustannie wytwarzana. Teraz najmniejsza nieprzyjemna sytuacja powoduje wybuch, ponieważ mózg sam nie może przywrócić równowagi, by sobie z tą sytuacją poradzić.

Istnieje nawet takie powiedzenie: „Heroina umie czekać". Do brania narkotyku ludzie, niestety, wracają – nawet po latach przerwy.

Jednak nie tylko narkotyki zakłócają równowagę encefalino-endorfinową. Tó udaje się także niektórym chorobom – nerwowym i psychicznym. Istnieje na przykład psychoza maniakalno-depresyjna. W tej chorobie równowaga encefalin i endorfin jest zakłócana cyklicznie. Każdy cykl może trwać kilka tygodni. Oznacza to, że chory przez kilka tygodni przebywa w stanie radosnego pobudzenia, w euforii, ma mnóstwo sił i chęci działania. Potem, też na kilka tygodni, pogrąża się w głębokiej depresji. Gdy dominują encefaliny, człowiek może popełnić samobójstwo, przy czym może się to stać w najbardziej „dziki" sposób, przy pomocy tego, co jest akurat pod ręką, choćby przebijając sobie głowę za pomocą młotka i dłuta. Taki przypadek rzeczywiście miał miejsce, a dowód znajduje się w Muzeum Pierwszego Instytutu Medycznego w Sankt Petersburgu. Natomiast na fali endorfin człowiek potrafi – bez narkozy – sam wyciąć sobie wyrostek – to również naprawdę się zdarzyło!

Oto jak ogromny potencjał skrywa ten układ, oto co może zrobić z człowiekiem, szczególnie wtedy, gdy wymyka się spod kontroli! Tak samo wielkie są jego zdolności kompensacyjne w kwestii odbudowy utraconej równowagi. Układ encefalo-endorfinowy może wyrównać i doprowadzić do normy stan nieprawdopodobnego nieszczęścia i niebywałego szczęścia...

Powinniśmy zatem zdawać sobie sprawę z tego, że świadome próby naruszenia równowagi tego układu, powodowane chęcią dłuższego trwania w określonym stanie, skazane są na niepowodzenie. Ten układ jest niezwykle potężny.

Jednak nie znaczy to, że kierowanie nim jest całkowicie niemożliwe! Nikt przecież nie powiedział, że, w sprzyjających okolicznościach, niemożliwe jest stworzenie warunków do czasowych zmian – przesunięć równowagi encefalino-endorfinowej. Żeby tworzyć te warunki według własnej woli, należy wykorzystać energię naszych emocji... O tym będzie jeszcze mowa. Teraz czas na podsumowanie.

Człowiek nigdy nie może zatrzymać swych emocji wyłącznie pozytywnych lub wyłącznie negatywnych – z przyczyn fizjologicznych. Wszystko, co możemy zrobić w tym kierunku, to czasowo przesuwać równowagę tak, by zapewnić sobie ruch – z punktu A do punktu B. Od minusa do plusa. Stałe przesunięcie równowagi jest niemożliwe, niepotrzebne i niebezpieczne dla życia.

Emocje motorem myśli

Możemy zatem powiedzieć, że w ludzkim mózgu istnieje układ wpływający na świadomość. Wydano wiele książek poświęconych obserwacjom pracy tego układu, a raczej procesów, które powstały w wyniku pracy układu. Właściwie cała literatura piękna – opowieści o miłości, nienawiści, żądzy, strachu i szczęściu – jest opowieścią o delikatności uczuć, odczuć powstałych w wyniku pracy układu encefalino-endorfinowego podczas ich przechodzenia przez świadomość.

W jaki sposób odczucia te pracują wewnątrz nas i zapewniają nam istnienie?

Zaczniemy od negatywnego bieguna – negatywnych emocji.

Kiedy powstają? Wtedy, gdy podświadomość doświadcza braku zgody na określoną sytuację. Jak już wiemy, podświadomość interesuje się ograniczoną ilością rzeczy – przede wszystkim tym, co odnosi się do przeżycia. Gdy podświadomości wydaje się, że robimy coś złego, szkodliwego dla naszego życia i zdrowia, gdy zobaczy niebezpieczeństwo, włącza przycisk „źle" – wtedy zaczynamy się czuć nieprzyjemnie. Dodatkowo odczuwamy strach, trwogę, smutek, tęsknotę, zgrozę, nudę, złość, przykrość, wstyd, winę, brak satysfakcji, tj. określony zestaw negatywnych emocji. Konkretna emocja ściśle wiąże się z relacjami między nami a tymi okolicznościami, przedmiotami, faktami, które są potencjalną lub jawną przyczyną niebezpieczeństwa. Podam przykład. Ni stąd, ni zowąd zdecydowaliście się na pustelnicze życie w dalekiej i głuchej tajdze. Podświadomość sygnalizuje: „Oj, źle, strasznie!". To podświadomość zmusza Was do zastanowienia się nad wyjazdem – po co jechać, może tam przepadniecie – bez wieści i... bez sensu.

Inny przykład – rozmawiałaś ze swoją koleżanką, a potem, w drodze do domu, czułaś sygnały podświadomości: „Źle, przykro!". Podświadomość chciała powiedzieć: „W co się wplątałaś, moja miła, po co ci to; to tylko ci zaszkodzi. Masz takie koleżanki, że wrogowie ci niepotrzebni! Wykręć się z tego, póki nie jest za późno!" itd. Albo: zaatakował nas pies – czujemy strach; okazało się, że jest na łańcuchu – czujemy złość (jeśli nie na psa, to na jego właściciela); przeskrobaliśmy coś – mamy poczucie winy, jeśli sprawa się wydała

– towarzyszy nam wstyd, jeśli w konsekwencji nic się nie dzieje (a przecież podświadomość wybiera życie, nie stanie w miejscu) – pojawia się nuda, nie dzieje się to, czego pragnęliśmy – tęsknota. Nie ma chyba potrzeby wyliczania wszystkich przyczyn różnorodnych stanów.

Ważne jest tutaj coś innego. Jeśli podświadomość sygnalizuje „źle", świadomość od razu zaczyna się martwić. Odpowiada na wezwanie podświadomości i dąży do wyłączenia, pozbycia się tego negatywnego stanu. Im dłużej negatyw jest włączony oraz im silniejszy jest jego bodziec, tym silniejsze jest nasze zaniepokojenie. W celu zlikwidowania tego stanu niepokoju potrzebne jest działanie – świadome działanie! Proszę zauważyć, w jakiej sytuacji rzeczywiście dążymy do działania – czasami zachowujemy się adekwatnie do sytuacji – uciekamy przed złym psem. Nieraz jednak nie zachowujemy się odpowiednio – po wpływem wstydu robimy coś głupiego, tracąc głowę. Czasami nasze działanie może być czysto symboliczne albo zupełnie nieskierowane na obiekt będący przyczyną negatywnego stanu, np. człowiek odczuwający trwogę może włożyć sobie do kieszeni monetę na szczęście, wypowiedzieć rytualną frazę (wara ode mnie!) lub nawrzeszczeć na żonę. Ważne jest to, że nic nie zrobimy z negatywną emocją, jeśli nie będziemy działać. Czują to wszyscy ludzie i coś z tym (nie zawsze adekwatnego) próbują robić. Mój znajomy opowiadał, że w wojsku na rozkaz „Baczność!" czuł się tak źle, że nie potrafił stać w bezruchu i, ratując się przed negatywnymi emocjami, poruszał dużymi palcami stóp, czując przy tym wielkie zadowolenie, że nikt tego nie widzi, i że nikt nie może rozkazać jego palcom stać na baczność – robią, co chcą. Działanie – każde działanie – zawsze jakby oddziela nas od negatywu.

Załóżmy jednak, że wokół nas nic się nie dzieje. Nic nie cieszy, ale też nic nie smuci. Wydawać by się mogło, że podświadomość nie może nazwać tego stanu ani „złym", ani „dobrym". Co wobec tego się stanie? Zastygniemy w równowadze, w bezruchu? Nie, nic podobnego. Z punktu widzenia biologii jesteśmy stworzeni do tego, by w naszym wnętrzu wciąż odbywał się ruch, żebyśmy żyli. Brak jakiegokolwiek ruchu prowadzi do stopniowego wzrostu poziomu aktywności układu encefalinowego i powoduje, że zaczynamy odczuwać najpierw nudę, później – tęsknotę. Wtedy nasza świadomość znów szuka wyjścia z zaistniałej sytuacji, stajemy się żądni nowych wrażeń, chcemy radości, święta i wymyślamy różne warianty osiągnięcia tego stanu, coś robimy – ogólnie mówiąc, zaczynamy działać. Najważniejsze, że ruszamy z miejsca. Tak właśnie przebiega życie większości ludzi – od poszukiwań silnych odczuć i nowych wrażeń – do pragnienia spokoju, a – od spokoju – znowu w drogę po radość i mocne wrażenia.

U niektórych ludzi ta amplituda nie jest wysoka: zatrzymują się, zatęsknią – znów odrobinkę ruszą z miejsca – znowu się zatrzymają... Legł człowiek, przykładowo, na kanapie, potem – z nudów – poszedł do kuchni, pokłócił się z sąsiadem – i znów na jakiś czas rozłożył się na kanapie...

Postawa taka ma swoją nazwę – to roślinna wegetacja, pozbawiona głębi, pełni odczuć.

Inni ludzie dokonują bohaterskich czynów, osiągają wyżyny twórczości, odkrywają coś nowego – ale potrafią też odpocząć. Reprezentują inny typ człowieka, inną skalę, inny stopień i inną głębię odczuć, chociaż u podstaw wszystkich zachowań leżą te same mechanizmy.

Zrozumieliście już, na czym polega sens i cel tego wiecznego człowieczego ruchu – na tym, by uciec od negatywu, otrzymując pozytyw. Odchodząc od tego, co pojmujemy jako „źle", pokonując tęsknotę i bezruch, człowiek ze wszystkich sił dąży do tego, co odczuwa jako „dobrze". Proszę zwrócić uwagę, że w procesie tego ruchu do „dobrze" człowiek jeszcze nie czuje, że jest mu dobrze, jeszcze nie doświadcza pozytywnych odczuć, dopiero zamierza je otrzymać. Oznacza to, że człowiek dąży przede wszystkim do tego, żeby znaleźć przyczynę tego „dobrze". Dzieje się tak dlatego, że dopóki nie ma przyczyny, nie ma także pozytywnych odczuć. Zatem – ruch od „źle" do „dobrze" jest ruchem w poszukiwaniu przyczyny tego „dobrze". A przyczyny są różne. Mogą leżeć na zewnątrz – w jakimś przedmiocie, zdarzeniu czy zjawisku, np. możemy cieszyć się z podarunku. Co się dzieje, jeśli brak podarku i w ogóle innych przyczyn zewnętrznych? Wtedy świadomość szuka innej przyczyny – polegającej na projekcji jakiejś wewnętrznej przyczyny tkwiącej w człowieku. Możemy np. wynieść na powierzchnię swojej świadomości obraz otrzymywanego prezentu albo inny pozytywnie przez nas odbierany – zdobywamy wtedy upragniony powód dla stanu „dobrze". Żeby była radość, zawsze musi być jej przyczyna. Niemożliwe jest doświadczenie radości bez przyczyny – bez obrazu lub przedmiotu, który ją powoduje.

Powiecie pewnie, że to nie jest takie oczywiste, przecież niektórzy doświadczają radości ot tak, po prostu dlatego, że żyją. Oznacza to jednak, że sam proces życia składającego się przecież z chwil stanowi dla nich ową przyczynę radości. Przyczyną może być wszystko, co się żywnie podoba – wszystko zależy od naszego stosunku do świata, do życia, do tego, co się dzieje. Jedno pozostaje faktem: zawsze jest przyczyna odczucia radości.

Proszę zwrócić uwagę, że wtedy i tylko wtedy, gdy ku radości istnieje określona przyczyna, podświadomość naciska przycisk „dobrze". Robi nam się przyjemnie i odczuwamy radość, wesołość, pociąg, zadowolenie, zachwyt, miłość, rozkosz, satysfakcję... Ogólnie mówiąc, doświadczamy całego spektrum pozytywnych emocji i odczuć – oj, jak dobrze jest żyć! I od razu zaczynamy się bać – oczywiście to się skończy, jak kończy się wszystko w życiu. Jednak, póki trwa, rozkoszujcie się nim, cieszcie się, bez żadnych złych myśli. Gdy nacieszycie się z całego serca, wtedy smutek nie będzie już taki straszny, zaczniecie odczuwać go jako jedną z barw tego świata uzupełniających jego pełnię i piękno.

Podsumujmy – oto dowody naszych duchowych ruchów:
1. Od doznań negatywnych do równowagi.
2. Od równowagi do doznań pozytywnych.
3. Od doznań pozytywnych do równowagi.
4. Powolne przesunięcie ku doznaniom negatywnym (zapoczątkowanie następnego cyklu ruchu).

Im większa różnica potencjałów, czyli wielkość negatywu i pozytywu, tym potężniejsze jest działanie! Ten mechanizm odnosi się do wszystkiego – od prymitywnych instynktów i potrzeb do najbardziej subtelnych, wyższych materii!

Prawda, że to jest proste? Człowiek przypomina rybę pływającą w potoku emocji, próbującą trzymać się złotego środka, by nie dać się znieść za bardzo w prawą czy lewą stronę. Skrajności są zawsze złe. Zarówno skrajny stopień przeżywania nieszczęścia, jak i krańcowy stopień przeżywania radości, nie są niczym innym, jak zwykłą patologią. Wszyscy dążący ku największemu stopniowi radości powinni uwzględnić fakt, że natura emocji człowieka przypomina wahadło: z jaką siłą odchyli się w jedną stronę, z taką samą nieuchronnie będzie musiało odchylić się w drugą. Im większa jest radość, tym głębszy będzie następujący po niej smutek. Nieprzypadkowo często upomina się dzieci: „Nie śmiej się tak, potem płakać będziesz”! I rzeczywiście tak często bywa: po wyczerpaniu się zapasów radości wahadło przesuwa się w przeciwną stronę, w drugi krańcowy punkt, teraz już ze znakiem „minus”.

Jakie to proste: wahadło huśtające się tam i z powrotem, w wiecznym poszukiwaniu równowagi. Ileż mądrości w tej prostocie! Ile mądrości w tym huśtaniu się wahadła – dzięki Bogu, że tak jest, że wahadło nie tkwi raz w jednym, raz w drugim miejscu. Bogu niech będą dzięki, że nieosiągalne jest nieruchome, stabilne położenie wahadła – człowiek nie może cały czas tkwić w pozytywie – pozytyw osłabia; nie może też wciąż znajdować się w negatywie – negatyw tworzy za duże napięcie i wyczerpuje rezerwy organizmu; człowiek nie może też wciąż przebywać w stanie bezruchu – wtedy nie ma już życia. Życie – to ruch!

O tym, że życie jest ruchem, wiedzieliście już wcześniej. Teraz jednak znacie rzecz bardzo ważną: wiecie, po jakiej trajektorii odbywa się ten ruch! Odbywa się on po trajektorii wahadła – od minusa do plusa i z powrotem – z taką czy inną amplitudą ruchów.

Po tej trajektorii poruszają się emocje. Najbardziej interesujący jest jednak fakt, że po tej samej drodze porusza się myśl w stosunku do obiektów naszego wewnętrznego świata! Cóż to oznacza? Oznacza to, że gdy myślimy nad jakimiś problemami, postępowaniem, sytuacją czy decyzjami nasza myśl też szuka tego złotego środka, podążając od negatywu do pozytywu i odwrotnie. Myśląc, staramy się unikać negatywnych emocji. Odszukujemy ziarna dające zbiory pozytywu, a jeśli nic takiego się nie dzieje, staramy się, tak samo jak emocje, zająć czymś swój umysł, żeby uciec przed nudą i bezczynnością.

Czy zrozumieliście dobrze? Myśl jakby orientuje się w polu emocji! Przecież to emocje tworzą pole między dwoma biegunami – negatywnym i pozytywnym. Myśl, trafiając do tego pola, zaczyna tam szukać swojego kierunku, zachowuje się niczym metalowe opiłki znajdujące się między dwoma biegunami magnesu!

Najbardziej interesujące jest to, że ledwo myśl dostanie się w to pole emocji i zaczyna, dzięki temu, poruszać się w jakimś kierunku, osiąga siłę, żeby być doprowadzona do końca, to znaczy – do realizacji w konkretnym działaniu. Jeśli myśl nie jest zorientowana

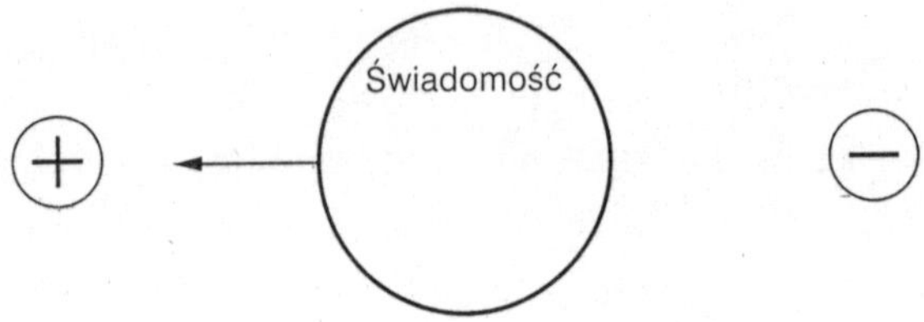

Rys. 20. Świadomość cały czas dąży od minusa do plusa, od minusa do plusa... A mechanizmy mózgu przekształcają plus w minus, plus w minus... Ruch nie ma końca.

w polu emocji, pozostaje pasywna, nie jest skierowana w żadną stronę – a to oznacza, że nie może być doprowadzona do końca, nie może się w nic wcielić. Wtedy – żadne problemy, zamysły i zamiary kłębiące się w naszym wewnętrznym świecie nie zostaną rozpoznane, nie staną się punktem wyjścia do rozmyślania, a tym bardziej do działania. W tej sytuacji nasze wewnętrzne zapasy, zasoby znajdują się jakby w stanie uśpienia, nie włączają się w reżim pojmowania, uświadamiania sobie, zrozumienia, w reżim dojrzewania do realizacji w świecie materialnym. Nasz umysł dopiero wtedy będzie mógł się włączyć, dopiero wtedy będziemy w stanie pracować z treścią naszego wewnętrznego świata, gdy obiekty tego świata otrzymają zabarwienie emocjonalne!

Podam przykład. Człowiek ma problem i musi go rozwiązać. Dajmy na to, już dawno powinien zmienić pracę, ponieważ „przerósł" to, co robi, a wynagrodzenie ma marne – wart jest większych pieniędzy. Jednak on nie uświadamiał sobie istnienia tego problemu, po prostu nie myślał o tym, zatem nie miał żadnego stosunku do tej kwestii. Oznacza to, że na razie nie jest on znaczący w jego subiektywnym postrzeganiu, choć obiektywnie rzecz biorąc – problem już dojrzał i domaga się uwagi. Jednak, ponieważ człowiek nie uświadamia go sobie, nie zajmuje względem niego żadnego stanowiska, to nie powstają w związku z tym żadne emocje. Może gdzieś już dojrzewa pewnego rodzaju bezwiedne, smutne niezadowolenie, ale emocji jeszcze brak. Jeśli wtedy ktoś temu człowiekowi powie: „Zmień pracę, przecież już na to czas". on może odpowiedzieć: „Tak? Pewnie masz rację". Jednak prawdopodobnie nic w tej sprawie nie przedsięweźmie. Dlaczego? Ponieważ myśl ta nie wpadła w pole emocji, a zatem nie otrzymała tam ani siły, ani napięcia – nie stała się tym wektorem, który w rezultacie prowadzi do działania. A teraz przypuśćmy, że ten sam człowiek za swoją pracę nie dostał zapłaty, jednocześnie zażądano od niego bezpłatnej pracy po godzinach, a wszystko to zostało mu przekazane w sposób urągający kulturze osobistej. Wtedy istnieje duża szansa na to, że pole emocji w stosunku do tej pracy wreszcie się uformuje. Człowiek stuknie się w czoło i powie: „Mój Boże, jakimże jestem idiotą, skoro utknąłem tu na tak długo! Przecież już dawno mam tej przeklętej pracy powyżej uszu!". Co się teraz dzieje? Teraz myśl o zmianie pracy trafia w potężne pole emocji i zaraz orientuje się w nim tak, żeby dojść do końca i realizować się w konkretnym działaniu – zmianie pracy. Myśl naładowała się emocjonalnie, dostała siłę oraz energię do życia i do działania!

Im większe jest napięcie między biegunami punktów początkowego i końcowego, tym bardziej potężna jest myśl! Im gorzej postrzegamy sytuację początkową, tym lepszy rokuje nam to finał, z tym większą intensywnością umysł przechodzi drogę od startu do mety. Podobnie jak sportowiec zachowuje się podczas ważnych zawodów, tak nasz mózg zachowuje się w celu zapewnienia zwycięstwa ważnej myśli, angażując do tego zwycięstwa wszystkie swoje informacyjne i energetyczne zasoby.

Myślę, że teraz już jest jasne, dlaczego nasze myśli, mając stosowny ładunek emocjonalny, będąc dokładnie i trafnie ukierunkowanymi, po prostu nie mogą nie przynieść efektu! Myśli nieposiadające dokładnego ukierunkowania oraz emocjonalnego wzmocnienia odchodzą w niebyt, nie przynosząc żadnego rezultatu – nie mają dość sił, by zapoczątkować lawinę sytuacji prowadzących nas ku pożądanemu celowi, choć do wywołania lawiny czasem wystarczy tylko jeden, ten pierwszy kamień...

Czy rozumiecie, jakie perspektywy otwiera przed nami ta wiedza? Czy już przeczuwacie te lawiny czyszczące drogi do Waszego celu, czy słyszycie ich daleki huk? Tak, wszystko to jest rzeczywiście przed nami. Jeśli jeszcze weźmiemy pod uwagę fakt, że nasze emocje mogą okazać się znaczące nie tylko dla nas, że są zaraźliwe – jeśli doświadczamy ogromnej radości, to tę radość odczuwają też ludzie będący blisko nas... Radość powoduje, że zdarzenie znaczące dla nas staje się znaczące także dla innych. Czy odczuwacie, ile jest wokół mocy i energii, których nie zwykliśmy wykorzystywać w celach pokojowych? Czy potraficie sobie wyobrazić, jakie gigantyczne wzloty rokuje opanowanie tych, całkowicie bezpłatnych, energetycznych zasobów? Skoro tak ma być, odpocznijmy chwilę i podsumujmy tę część naszych rozważań.

Emocje zapewniają ruch człowieka i jego myśli. Siła emocji gwarantuje siłę naszym działaniom i efektywność naszym myślom. Sens naszego życia – to ruch w strumieniu emocji.

Emocje – most między świadomościami

Emocje są obecne w naszym wnętrzu. To fakt. Jednak nie są jeszcze zdolne do „rozlewania się” na zewnątrz. To też fakt. Na tych właśnie dwu faktach zbudujemy nasz most kierowania emocjami dla dobra swojego i innych.

W jaki sposób emocje rozchodzą się na zewnątrz? Wykorzystują w tym celu zwykły kanał energetyczny. Doskonale wiemy, że promieniowanie jednego człowieka rozchodzi się, obejmując świadomość drugiego. Przerobiliśmy to na pierwszym stopniu DEIR, choć znacie to doskonale nie tylko z systemu DEIR, ale także ze zwykłych życiowych sytuacji. Wszyscy, a szczególnie kobiety, wiedzą, jak zaraźliwe mogą być łzy. Oto w kinie, na ekranie filmowym, ktoś głośno płacze – a u płci pięknej na widowni (choć nie tylko u niej) łzy cisną się do oczu i z różnych miejsc daje się słyszeć charakterystyczne pociąganie nosem. A jaki zaraźliwy potrafi być śmiech! Wystarczy, żeby ktoś się roześmiał – wesoło i głośno – a już niejeden człowiek zaczyna się uśmiechać. Wystarczy, żeby radosny, uśmiechnięty człowiek wszedł do jakiegoś pomieszczenia, w którym siedzą ludzie z poważnymi minami, wystarczy, żeby powiedział dziarsko coś wesołego – a wszyscy zaczną się uśmiechać. Każde emocje – zarówno pozytywne, jak i negatywne – są zaraźliwe, ponieważ one – to energia, a energia posiada właściwość rozlewania się i pluskania w przestrzeni wedle swoich praw, obejmując nowe terytoria – a to oznacza, że rozciąga się nad tymi terytoriami odpowiedni klimat emocjonalny.

Natura tego zjawiska jest znana i zbadana przez nas, powtarzam – już w czasie opanowywania pierwszego stopnia DEIR. Jednak wtedy nie rozpatrzyliśmy pewnego ważnego aspektu tego zjawiska. Chodzi o fakt, że emocje posiadają nie tylko znaczenie bezpośrednie, ale także pośrednie, uboczne!

Co mam na myśli? Załóżmy, że dla nas jakiś obiekt posiada pozytywne emocjonalne zabarwienie. Podoba nam się np. duże czerwone jabłko, wywołuje burzę najbardziej radosnych emocji. Emocji, w ich pierwotnym znaczeniu, możemy doświadczyć wtedy, gdy jesteśmy w bezpośredniej relacji z tym obiektem – napawamy się jabłkiem wiszącym na gałęzi, obracamy je w rękach, malujemy, czy wreszcie – zatapiamy w nim zęby (to w przypadku, w którym nasze emocje są bezpośrednie i mają wąski zakres – dotyczą jedzenia).

Przypuśćmy jednak, że nie mamy przed sobą żadnego obiektu. Czy wtedy nie ma i nie może być żadnych emocji z nim związanych? Nie! Wystarczy tylko przypomnieć sobie ten obiekt, odtworzyć jego obraz w świadomości, a zaraz pojawią się emocje. Och, jakie to ładne, jak ja to lubię, jakie to smaczne! Oto pojawia się cały zakres emocji, mimo że nie ma żadnego materialnego, widzianego obiektu. To właśnie nazywa się przejawianiem emocji w ich pośrednim znaczeniu – drogą pośrednią. Jest to jak gdyby cień emocji, który odczuwamy, odtwarzając w świadomości obraz przedmiotu. Ten „cień" emocji nazywany jest emocjonalnym zabarwieniem przedmiotu. Dla wygody percepcji będziemy wykorzystywać ten termin, choć, jeśli się zastanowić, w rzeczywistości jest on absurdalny – przecież przedmiot sam w sobie nie posiada żadnego „zabarwienia", to zabarwienie nie tkwi w nim, ale w naszej świadomości. Jednak czasem trudno uniknąć językowych szablonów, dlatego pewną terminologią będziemy się posługiwać.

Co się dzieje, gdy przedmiot otrzymuje to emocjonalne zabarwienie? Nie rozważamy teraz energetycznego podłoża tego zjawiska, mówimy o jego czysto emocjonalnym sensie. Otóż zmienia się nasz stosunek do tego przedmiotu. Oto przedmiot nie miał dla nas znaczenia, był jednym z wielu, a teraz wyróżniliśmy go spośród innych przedmiotów, doświadczyliśmy w stosunku do niego pewnych emocji – wprost, bezpośrednio lub pośrednio. Wtedy przedmiot ten stał się dla nas szczególnym. Szczególny stosunek do niego przejawia się we wszystkim: wyrazie oczu, w naszych słowach, gestach, w postępowaniu. Powiem więcej – zaczynamy budować swoje zachowanie, uwzględniając podwyższoną znaczność tego przedmiotu dla nas. Wszyscy wiemy, jak to bywa, gdy nagle wyróżniamy wśród tłumu jakiegoś człowieka. Niedawno był dla nas nikim, a teraz zatrzymujemy na nim wzrok – podoba się, stał się obiektem naszej uwagi, kimś znaczącym. Tak może się stać, ponieważ postrzegamy go jako autorytet, a może dlatego, że po prostu się spodobał – jako przedstawiciel płci przeciwnej jest ponętny i atrakcyjny. Szczególny stosunek wobec takiego człowieka uwidacznia się w naszych oczach, wyrazie twarzy, ruchach. Przyjaciele zaczynają żartować z naszego zauroczenia: „Zdaje się, że na jego (jej) widok coś szybko oddychasz". A ty zauważasz, że faktycznie – oddychasz inaczej. Przykłady można by mnożyć.

Inni ludzie, z chwilą nadania im przez nas emocjonalnego zabarwienia, przestają być obojętni i jakby wchodzą w naszą emocjonalną sferę.

Jednak nie od ludzi zaczniemy przeprowadzać nasze eksperymenty. Początki będą proste – spróbujemy nauczyć się przenosić emocjonalną znaczność na jakiś zwykły przedmiot, przydając mu emocjonalne zabarwienie.

• ***System nawyków DEIR*** Stopień 5.

Krok 1. *Czasowe przeniesienie znaczności emocjonalnej na przedmiot*

W ćwiczeniu weźmiemy pod uwagę tani, sztucznie stworzony przedmiot, np. ołówek lub coś innego, co byłoby niewielkie i niezbyt twarde, wytrzymałe.

Teraz proszę się przygotować: musimy aktywnie pracować w reżimie odczuć. Najpierw przeczytajcie do końca cały tekst ćwiczenia, potem zróbcie to, co przeczytacie, zwracając uwagę na to, by wszystko wykonać na poziomie odczuć, a nie na poziomie umysłu, świadomości czy słów. Nie wystarczy powiedzieć: „Odczuwam formę przedmiotu". Należy odczuć ją tak, jakbyśmy pojmowali, odczuwali ją wszystkimi narządami zmysłów – wzrokiem, dotykiem itd.

Na początku uważnie przypatrzmy się naszemu przedmiotowi i nie odrywajmy od niego wzroku przez cały czas trwania ćwiczenia, aż do jego końca.

Teraz odczujmy kształt przedmiotu. Odczujmy jego objętość, położenie w przestrzeni, krągłość lub kanciastość itd. Odczujcie kompletny, doskonały kształt przedmiotu, to, jak doskonale odpowiada on swemu przeznaczeniu. Teraz uzmysłówcie sobie, że przecież ktoś tę rzecz wymyślił, ktoś wyobraził ją sobie w takim właśnie kształcie, że ktoś ją stworzył – i włożył w to cząstkę siebie, swoje myśli i uczucia, swoje życzenie spożytkowania jej dla dobra innych. Zatroszczył się także o Was, rozpatrujących teraz ten przedmiot! Zachwyćcie się tą ludzką pracą, niech przenika Was wdzięczność w stosunku do tych, dzięki którym on powstał. Gdy to odczujemy, skierujmy na przedmiot nieco energii centralnego strumienia wschodzącego.

Poczujcie materiał, z którego przedmiot powstał. Odczujcie jego gęstość, twardość lub miękkość, gładkość lub szorstkość, to, czy się błyszczy, czy jest matowy, ciepły czy chłodny. Materiał, z którego powstał przedmiot, ktoś musiał dostarczyć, obrobić – włożył więc w niego cząstkę siebie, swojej energii. Poczujcie ciepło ludzkiej energii zamkniętej w przedmiocie. Znów skierujcie na przedmiot nieco energii centralnego wschodzącego strumienia.

Teraz, z nie mniejszą uwagą, z jaką rozpatrywaliście przedmiot, odczujcie, jak jest zbudowany, z jakich składa się detali, i każdemu detalowi poślijcie energię wschodzącego strumienia. Pomyślcie o tej teoretyczno-naukowej i produkcyjnej bazie, która pozwoliła na stworzenie tego przedmiotu – ilu ludzi brało udział w tym przedsięwzięciu? Poślijcie część energii wirtualnego strumienia temu teoretycznemu projektowi, dzięki któremu mógł powstać przedmiot, jego pierwowzorowi, szkicowi w ludzkich umysłach i na wykresach.

Czy wciąż uważnie przyglądacie się przedmiotowi? Co teraz czujecie? Czy odczuwacie, jak zmienił się Wasz stosunek do niego? Niewątpliwie, tak! Odczuwacie, jakby przedmiot zaczął grzać, promieniować na Was energią. Czujecie, że robi Wam się cieplej w wyniku jednego spojrzenia na przedmiot.

Teraz oderwijcie wzrok od przedmiotu. Przerwijcie z nim kontakt.

Wspaniale! Przenieśliśmy właśnie na przedmiot tylko niewielką ilość pozytywnych znaczeń emocjonalnych. W efekcie przedmiot stał się dla nas czymś szczególnym, ciepłym, bardziej bliskim.

Zobaczmy, jak zmieniają się możliwości przedmiotu po przekazaniu mu tak stosunkowo niewielkiej emocjonalnej znaczności.

- ***System nawyków DEIR*** Stopień 5.

Krok 2. *Odkrycie przeniesienia emocjonalnej znaczności z przedmiotu na człowieka*

Aby zrealizować ten krok, musimy poprosić kogoś o pomoc – kolegę, przyjaciela, sąsiada. Zwróćcie uwagę na to, jaki jest Wasz stosunek do tego człowieka na początku eksperymentu – obojętny, dobry, bardzo dobry, negatywny? Zapamiętajcie ten stosunek. Połóżcie przed Waszym pomocnikiem kilka przedmiotów podobnych do tego, jakim posłużyliście się w czasie pierwszego kroku (w tym przypadku był to ołówek). Zapamiętajcie go, ale nie mówcie pomocnikowi, który to z nich. Niech pomocnik przebiera w ołówkach, wśród których znajduje się ten „Wasz", a potem niech weźmie do ręki i niespodziewanie złamie jeden z nich! Jeśli złamie nie „Wasz" przedmiot, zapewne nic nie odczujecie. Poproście, by kontynuował swą pracę – znowu nic nie będzie się działo, gdy zniszczy inne ołówki.

Ale oto złamie ten wybrany ołówek! Co się dzieje? O, to już inna sprawa! Odczuwacie to tak, jakby obrażono bliską Wam istotę. Zapamiętajcie te odczucia.

Teraz prześledźcie, jak zmieniał się stosunek do człowieka łamiącego „Wasz" ołówek. Porażający jest fakt, na ile nieświadomie i szybko zmienił się na gorsze stosunek do tego człowieka. Momentalnie zachwiało się zaufanie, jakim go darzyliście! Był dobry – stał się zły! Był zły – stał się jeszcze gorszy! Dlaczego tak się stało? Co właściwie się wydarzyło? Czy pomocnik obraził Was, sprawił przykrość Wam lub Waszej cioci? Nic podobnego, po prostu złamał jakiś tam ołówek i w dodatku zrobił to na Waszą prośbę. Po prostu taka gra, nic więcej. Gra grą, ale przykrość jest prawdziwa. Tak właśnie bywa w życiu – sam prosisz człowieka, by wyświadczył Ci przysługę, a potem uważasz go za wroga.

Co jest najważniejsze w tym ćwiczeniu – to właśnie mimowolność zjawisk, jakie z nami zachodzą. Załóżmy, że wobec jakiegoś człowieka mieliśmy obojętny stosunek. Zupełnie nie chcieliśmy robić z kogoś wroga. Cokolwiek by ten człowiek mówił i robił, przyjmowaliśmy beznamiętnie, nie powodowało to żadnego szczególnego stosunku do niego – ani pozytywnego, ani negatywnego. Po prostu – albo przyjmowaliśmy jego słowa i postępowanie, albo odrzucaliśmy je, ale nie powodowało to w nas żadnego emocjonalnego odzewu. Jednak wystarczyło, że człowiek ten oddziaływał z przedmiotem mającym dla nas potencjalną emocjonalną znaczność, by człowiek ten także nabrał tej emocjonalnej znaczności, a jego słowa i postępowanie zaczęły powodować w nas emocjonalny odzew!

Cóż to oznacza? Wynieśliśmy na zewnątrz pewne emocjonalne znaczenia – przenieśliśmy je na przedmiot. Za pośrednictwem tych emocjonalnych znaczeń „związaliśmy" siebie z innym człowiekiem – w tym przypadku naszym pomocnikiem. Ustanowiliśmy między sobą i nim swego rodzaju most emocjonalny. Przy czym natychmiast odczuliśmy ten most na własnej skórze – odczuliśmy bezpośrednio, doświadczając emocję w stosunku do człowieka! Oznacza to, że wyniesione na zewnątrz znaczenia emocjonalne mogą wiązać człowieka z otaczającymi go ludźmi! Wiązać w sposób bezpośredni, w odczuciach! Jedna sprawa, gdy inni coś nam mówią i po prostu słyszymy ich słowa, pojmujemy ich myśli i przyjmujemy je w celu rozpatrzenia. To jeszcze nie jest bezpośrednia łączność, to łączność pośrednia – za pośrednictwem myśli i słów. Całkiem inna sprawa dotyczy kwestii, gdy człowiek, jego słowa, myśli, działania powodują w nas bezpośrednie emocje i odczucia. A to jest już łączność bezpośrednia.

Czy inni ludzie odczuwają nasz emocjonalny stosunek do przedmiotu, nasze potencjalne pozytywne emocje złożone w nim? Oczywiście! Tu też dotykamy interesującej kwestii: emocjonalna ważność przedmiotu przejawia się dla innych wtedy, gdy wstępujemy we wzajemne oddziaływanie z przedmiotem. Wtedy inny człowiek też podświadomie odbiera nasze emocjonalne zabarwienie, które przydaliśmy znaczącemu przedmiotowi – i nierzadko zaczyna doświadczać tych samych emocji w stosunku do niego. Przy czym reakcja ta jest także mimowolna! Emocjonalna znaczność przedmiotu jest zaraźliwa. Oto dlaczego np. wśród nastolatków często bywa tak, że dwie koleżanki zakochują się w tym samym chłopcu, albo że dwóm przyjaciołom podoba się ta sama dziewczyna – najpierw jeden z nich przydał jej emocjonalne zabarwienie, a potem drugi z nich „podpiął się" do tego. To, co jest znaczące dla jednego, staje się także znaczące dla drugiego.

Tak samo (a nawet częściej) odnosi się to do rzeczy i przedmiotów: koleżanka kupiła sobie ładną sukienkę, a druga też zapragnęła zaraz taką mieć.

Teraz poćwiczymy odkrywanie, jak emocjonalna znaczność przenosi się z człowieka na przedmiot.

• *System nawyków DEIR* Stopień 5.

Krok 3. *Odkrycie przeniesienia emocjonalnej znaczności z człowieka na przedmiot*

Znowu poproście kogoś o pomoc – tym razem musi to być człowiek, którego stosunek do Was nie jest obojętny – albo negatywny, albo pozytywny: lubi Was lub jest niechętny. Jeśli ten człowiek (na przykład kolega z pracy) nie lubi Was, nie należy mu opowiadać o istocie i celach eksperymentu; możecie powiedzieć, że przeprowadzacie prosty test psychologiczny – takie testy są teraz bardzo popularne.

Połóżcie przed pomocnikiem kilka ołówków, wśród których znajdzie się ten posiadający dla Was znaczenie emocjonalne. Poproście, by przeglądał przedmioty i zapamiętajcie, ile razy weźmie do ręki „Wasz" ołówek.

Teraz poproście go o zebranie wszystkich przedmiotów i dowolne ich rozłożenie.

Obserwujcie swoje odczucia: jak Wam się wydaje – jak zmienia się w czasie eksperymentu stosunek tego człowieka do „Waszego" przedmiotu, a następnie do Was?

Zauważycie pewną prawidłowość. Jeśli wybrany człowiek odnosi się do Was z sympatią, „Wasz" przedmiot będzie brany przez niego do ręki znacznie częściej niż pozostałe przedmioty. Jeśli natomiast czuje antypatię, przedmiot znajdzie się w jego rękach znacznie rzadziej! Ten, który obdarzyliście emocjonalnym zabarwieniem, będzie podświadomie, spośród innych przedmiotów, wybierany przez Waszego partnera. Odwrotnie rzecz się będzie miała z innymi przedmiotami – będą dla niego mniej zauważalne.

Oczywiście, rezultaty będą jeszcze bardziej zauważalne, gdy będziemy ogrzewać partnera energią swojego centralnego wschodzącego strumienia, choć nawet bez tego są widoczne! A przecież na zewnątrz „Wasz" ołówek niczym nie różni się od innych! Co się dzieje? Partner mimowolnie przenosi na przedmiot swój stosunek do Was! Dzieje się to nieświadomie, nawet wtedy, gdy partner nie wie, że wśród przedmiotów znajduje się ten „Wasz". Spróbujcie zmodyfikować eksperyment, wskazując partnerowi swój ulubiony

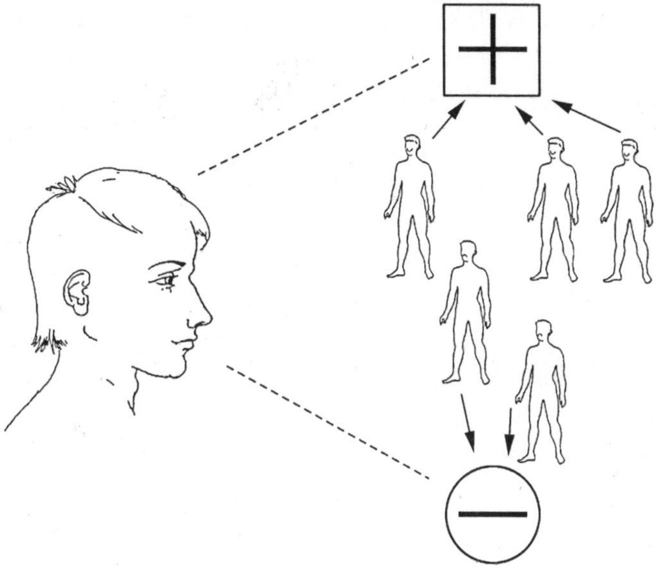

Rys. 21. Wystarczy, że przedmiot otrzyma emocjonalną znaczność, by przyjaciele pomagali Wam w dotarciu do niego, a wrogowie – przeszkadzali... Wszystko się porusza

ołówek. Obraz, który zobaczycie, będzie jeszcze bardziej wyraźny: określony stosunek partnera do przedmiotu będzie w czasie doświadczenia całkowicie oczywisty!

Z takimi sytuacjami stale spotykamy się w realnym życiu. Zauważcie – jeśli ktoś się Wam nie podoba, nie podobają się także rzeczy, z których on korzysta: ma idiotyczny szalik, niegustowne ubranie, a jego samochód to zwykły grat. Obiektywnie rzecz biorąc, wszystkie te rzeczy mogą być zupełnie w porządku, nie lepsze i nie gorsze od innych. Jeśli natomiast człowiek się podoba, podoba się też wszystko, co do niego należy, nawet zwykłe drobiazgi: ma wspaniały znaczek w klapie, a jego sznurówki są wprost cudowne.

Zmiana stosunku do tych przedmiotów również zachodzi mimowolnie, podświadomie, a zatem jest to bezkrytyczna zmiana nastawienia. W stosunku do tych przedmiotów stajemy się nieobiektywni!

A teraz pomyślcie – czy tylko przedmioty mogą posiadać emocjonalną znaczność? Nie! Mają ją wydarzenia, idee, pojęcia, możliwości... Emocjonalną znaczność (może być ona typu osobistego albo pośredniego, np. „To jest dla mnie ważne, ponieważ jest ważne dla wszystkich") ma wszystko to, co ludzie zaliczają do sfery swej działalności! Przy czym tę emocjonalną znaczność konkretny człowiek może stworzyć sam, ale może ją też przejąć od innych – świadomie lub nie: iluż ludzi myśli według zasady „To jest ważne dla innych, dlatego jest ważne także dla mnie".

Czy zdajecie sobie sprawę z tego, do czego to może doprowadzić? Podoba nam się człowiek, zatem podoba nam się wszystko to, co mu przynależne, także głoszone przez niego poglądy, idee. Nawet najgłupsze.

Nie ma potrzeby mówienia o tym, jak reakcja łańcuchowa przekazania emocjonalnych znaczeń odbija się na całym systemie stosunków międzyludzkich! Nie chodzi nawet o stosunki, ale o sam proces rozwoju i ewolucji ludzkości, o sam postęp cywilizacyjny! Ileż pięknych idei przepadło tylko dlatego, że próbowali je głosić niesympatyczni ludzie! Ile głupich idei było realizowanych tylko dlatego, że ich głosicielom udało się zjednać sympatię tłumu!

Co się stanie, jeśli te prawidłowości wykorzystać świadomie? Czy wyobrażacie sobie, jak to będzie brzemienne w skutki? Możliwości, jakie otworzą się przed ludźmi, będą wprost niebywałe!

Właśnie przed chwilą odkryliśmy wstrząsającą prawidłowość związaną z ludzkimi emocjami, leżącą u podstaw relacji międzyludzkich.

Okazuje się, że emocjonalne znaczenia człowieka i przedmiotów tworzą prawdziwe, niewidzialne sieci pośrednich znaczeń łączące przedmioty i ludzi. Ta sieć działa mimowolnie i bezpośrednio, modyfikując emocjonalne znaczności ludzi uczestniczących w procesach socjalnych.

Po tym, jak pojawią się emocjonalne znaczenia, staje się możliwy pewien społeczny ruch wokół przedmiotu – ponieważ u jednego człowieka przedmiot ten podwyższy poziom endorfin, a u innego – encefalinów. Rezultatem tego są działania, walka, handel...

Przedmiot albo idea, lub cokolwiek, co nabiera emocjonalnej znaczności, nabiera także wagi społecznej!

Emocjonalne znaczenia rodzące się w jednym człowieku z łatwością pokonują barierę między ludźmi, nie działając tak, jak słowa i nie tak, jak myśli – to znaczy nie działają za pośrednictwem czegoś, ale działają bezpośrednio. Przekazywane są za pomocą odczuć, zmieniając swoją modalność, ale przekazywane są mimowolnie. Emocjonalne znaczności – to rozciągnięcie odczuć jednej osoby na społeczeństwo, to przedłużenie personalnej świadomości na wszystko dokoła.

Zastanówcie się nad wymową tego faktu, nad jego sensem! Wyjaśniliśmy już, że emocje – bieguny dodatni i ujemny – zapewniają życie, nasz ruch w nim, działanie. Teraz wiemy także, że personalne znaczenia emocjonalne mogą się rozprzestrzeniać na zewnątrz. Oznacza to, że jeden człowiek, wyprowadzając swoje znaczenia na zewnątrz, może wyposażać otaczających go ludzi w punkty orientacyjne życia! Wyposażenie to może dotyczyć sensu działań i sensu życia!

My także możemy wykorzystać tę prawidłowość. A teraz czas na podsumowanie.

Emocjonalne znaczenia jednego człowieka z łatwością są wyprowadzane na zewnątrz i mimowolnie odczuwane przez innych, tworząc dla nich emocjonalne współrzędne. W taki sposób powstają socjalne wartości, tak tworzą się biegunowości – przeciwieństwa, a ruch w ich obrębie przynosi czło-

wiekowi zadowolenie. Ruch w emocjonalnym gradiencie – to sens życia. A gradient może być przekazywany od człowieka do człowieka.

ROZWÓJ REALNOŚCI I STWORZENIE SENSU ŻYCIA

Czym są emocje, plus i minus, które wydawały się nam takie proste, dopóki nie zajęliśmy się tym zjawiskiem?

Czy to znaczy, że emocje – to przyczyna ruchu i myśli, i nas samych, przyczyna wszystkich socjalnych ruchów i relacji? Okazuje się, że tak.

I tu zbliżamy się do prawdziwego, istotnego znaczenia emocji w życiu pojedynczego człowieka i całej ludzkości.

Nie przesadzając, można powiedzieć, że z rozwojem emocjonalnych znaczeń w życiu człowieka bezpośrednio wiąże się jego rozwój fizyczny i osobowościowy, a także rozwój ludzkiej kultury, cywilizacji, całego procesu ludzkiego poznania. Historia ludzkości jest historią rozwoju emocjonalnych odcieni. Właśnie tak to wygląda, choć takie stwierdzenie może wydać się Wam zupełnie niespodziewane.

Drodzy Czytelnicy, wielokrotnie mówiliśmy o tym, że człowiek jako gatunek dawno przekroczył granice, które na jego drodze postawiła Natura. Rozumiemy, że kwestia przeżycia człowieka poza społeczeństwem niewarta jest roztrząsania. Mówiliśmy o tym już w pierwszej książce.

Z całą pewnością możemy powiedzieć, że sens życia człowieka rozciąga się poza sens biologiczny. Aby uniknąć głodu, przeżyć, aby mieć dzieci, niekoniecznie trzeba umieć czytać, nie mówiąc już o posiadaniu innej wiedzy czy nawyków.

Dla nas, oprócz życia w sensie biologicznym, ważnych jest jeszcze sporo innych kwestii – musimy wiele poznać, wiele osiągnąć, w wielu sprawach się realizować, wiele dokonać, zrobić, stworzyć... Sens życia wyrasta ponad prosty, biologiczny sens istnienia.

Życie ludzkie jest niewyobrażalne bez nauki, sztuki, wiedzy, twórczości, spełnienia. Wszystko to byłoby niemożliwe bez emocjonalnych znaczności. Niemożliwe dlatego, że bez emocjonalnych znaczności niemożliwa jest nawet myśl, a tym bardziej – niemożliwe byłoby działanie.

Dlatego postęp sprowadza się do określonego schematu. Jakieś zjawisko świata zewnętrznego, jakiś fakt lub okoliczność trafia w pole widzenia człowieka za pośrednictwem mechanizmu przeniesienia emocjonalnych znaczności. Człowiek zwraca uwagę na zjawisko lub fakt dlatego, że znajduje się w sytuacji, w której to zjawisko może w taki czy inny sposób ją zmienić. Oto przykład. Człowiek taszczy bierwiono, wkładając w tę czynność mnóstwo wysiłku. Niezbyt dobrze mu to wychodzi. Aż nagle coś się stało – bierwiono niesie się lżej, łatwiej, z mniejszym wysiłkiem. Człowiek rozgląda się i odkrywa, że pod klocem, prostopadle do niego, przypadkowo znalazł się gruby kij czy gałąź, która, obracając się, przesuwa bierwiono. Oto mamy zjawisko przypadkowo trafiające w pole widzenia człowieka – zjawisko zdolne zmienić sytuację! Zaraz też człowiek sformułował emocjonalną znaczność tej kręcącej się gałęzi – to dobrze, że gałąź się kręci, to ułatwia pracę związaną z taszczeniem bierwion! Potem w to utworzone pole emocjonalne wpadła myśl: co zrobić, żeby zawsze jak najmniejszym wysiłkiem przenosić bierwiono. Myśl, naładowana emocjonalnie, doprowadziła do działania i oto pojawiło się koło. Koło, jako nosiciel emocjonalnej znaczności, weszło do kultury ludzkości i stało się jej nieodłącznym elementem.

Zwróćcie uwagę na pewien fakt – aby obracająca się gałąź nabrała emocjonalnej znaczności, człowiek musiał znajdować się na określonym etapie rozwoju – przecież po coś to bierwiono było mu potrzebne! Może chciał z niego zbudować dom, a może sporządzić jakieś narzędzie. A to oznacza, że bierwiono miało już dla niego emocjonalne znaczenie! I stało się powodem odkrycia i stworzenia nowej emocjonalnej znaczności!

Zwróćcie jeszcze uwagę na to, że koło wynaleziono dopiero wtedy, gdy otrzymało ono emocjonalną znaczność. A to oznacza, że w stworzeniu czegoś nowego emocjonalna znaczność jest pierwotna – tak samo, jak pierwotna jest w procesie poznania w ogóle!

Można, rzecz jasna, powiedzieć, że koło pojawiło się nie z powodu jakiejś tam emocjonalnej znaczności, a po prostu dlatego, że było to korzystne. Jednak zastanówmy się: samo słowo „korzystnie" już posiada emocjonalną znaczność. Przecież nie możemy odnosić się obojętnie do tego, co jest dla nas korzystne, a tym bardziej – niezbędne. Chcemy otrzymać to, co jest nam niezbędne, doświadczamy pragnienia otrzymania tego przedmiotu, wspominamy go jako „dobry" – a to już jest emocjonalna znaczność. Przecież gdy mówimy „korzystne", nie mamy na uwadze tego, że przedmiot jest korzystny, przydatny dla kogoś, gdzieś na innym kontynencie, ale mamy na uwadze to, że jest korzystny właśnie dla nas, w określonym czasie i miejscu. Jeśli ktoś powiedziałby nam, by smarować płot syropem z cukru, gdyż jest to korzystne dla zwabienia pszczół, puknęlibyśmy się w czoło, z pogardą myśląc o człowieku dającym nam taką propozycję. Oznacza to, że coś, co jest „korzystne" w danym momencie dla kogoś innego, nie musi być takie dla nas. Jeśli natomiast wyobrazimy sobie, że mamy w domu ciężko chorego, którego może uratować wyłącznie lekarstwo zrobione z jadu pszczół, i że nie ma innego sposobu otrzymania tego lekarstwa, jak tylko wyłapanie jak największej ilości pszczół – wtedy taki sposób zwabienia owadów rzeczywiście będzie dla nas korzystny, niezbędny. A syrop z cukru będzie miał ogromną znaczność emocjonalną.

Oprócz tego czasem zdarza się, że emocjonalną znaczność otrzymują przedmioty w ogóle nieprzydatne z praktycznego punktu widzenia. Jakie korzyści wynikają z posiadania korali, naszyjników, diademów czy innych ozdób? A wiele kobiet je uwielbia i przydaje im ogromną emocjonalną wagę, nawet wtedy, gdy z materialnego punktu widzenia są niewiele warte. Powiem więcej – bardzo często znaczność emocjonalna zmusza do znoszenia niewygód, do ponoszenia jakichś wyrzeczeń. Jak czuły się damy z pięknie ozdobionym ogromnym kapeluszem na głowie czy wtedy, gdy nakładały na siebie morze krynoliny? Piękno wymaga ofiar, emocjonalna znaczność – także. A co powiecie na multum wielbicieli akwariowych rybek, ptaszków, chomików itp.? Jaka korzyść wynika z ich posiadania? Same straty... Znaczność emocjonalna, kochana znaczność, tworzy prawdziwe cuda...

Zatem cały rozwój ludzkości – to rozwój znaczeń emocjonalnych. Zabarwione emocjonalnie przedmioty i zjawiska wpisują się w racjonalny schemat świata. Ludzkość, niczym promień światła, wdziera się w nieznane, postępując za swoimi emocjonalnymi znacznościami; dzięki nim nabiera siły myśl, za którą następuje działanie tworzące coś nowego...

Do czego może się przydać ta wiedza? Teraz właśnie nadeszła pora na wyjaśnienie sensu, do którego prowadzą wszystkie nasze rozważania. Czy pamiętacie podstawowe zadanie, które pojawiło się na danym etapie? Polegało ono na znalezieniu nowych dróg dalszego rozwoju własnego na nowym, na razie jeszcze nieznanym, nieoswojonym poziomie. Właśnie rozważyliśmy schemat, według którego, w naszym świecie, w ogóle może powstać coś nowego. Nowe powstaje dzięki stworzeniu emocjonalnych znaczeń wewnątrz siebie i przeniesieniu ich na zewnątrz.

Opanowanie sztuki powstania i przeniesienia emocjonalnych znaczeń może pomóc nam w stworzeniu dróg rozwoju dla siebie i innych ludzi. To warunek niezbędny. Powinniśmy nauczyć się pracować z emocjonalnymi znaczeniami, aby samemu się rozwijać, aby świat zrobił krok naprzód i pojawiło się coś nowego, interesującego, coś jeszcze nieodkrytego. Musimy przy tym wykorzystać kanały energetyczny i informacyjny.

W tym celu powinniśmy nauczyć się pracować z własnym gradientem emocjonalnym, opanować taktykę i strategię przeniesienia oraz rozmieszczenia znaczeń emocjonalnych wokół nas. A to należy już do sfery praktyki. A na polu praktyki, szanowni Czytelnicy, jesteśmy silni, posiadamy mnóstwo efektywnych technik.

EMOCJE WEWNĄTRZ NAS

Sporo mówiliśmy już na temat właściwości emocji, które w nas powstają. Teraz będziemy musieli zgłębić te właściwości bardziej wszechstronnie. Przenikniemy mechanizmy ich powstawania. W przeciwnym razie nie moglibyśmy kierować emocjami. A kierowanie nimi będzie przydatne do bezpośredniego oddziaływania na efektywność naszych myśli – przecież zrozumieliśmy już, że myśl, pozbawiona emocjonalnej znaczności, jest bezsilna, nieefektywna. Kierując efektywnością swoich myśli, możemy wedle naszej woli kierować efektywnością swych działań. – przecież działanie jest skuteczne tylko wtedy, gdy myśl jest silna, trafnie i niezawodnie skierowana oraz efektywna.

Nawyk kierowania emocjami jest niezbędny już na etapie planowania. Wiemy, że im silniejsza jest różnica potencjałów w polu emocjonalnym, tym skuteczniejsze rozmyślania, tym łatwiej stworzyć plan przyszłych działań. Będziemy zatem uczyć się kierowania emocjami, tworząc niezbędną w tym celu różnicę potencjałów.

Na początek zajmiemy się wyjawieniem i zbadaniem pewnego oczywistego związku – związku między emocjami i energetyką człowieka.

Energia i emocje

Wiemy już, że nasze emocje posiadają dwa bieguny: dodatni i ujemny. Kierunek reakcji człowieka już znamy: staramy się poruszać od złego ku dobremu. Jest to jakościowa strona naszych emocji i naszego ruchu w polu emocjonalnym.

Tymczasem nie rozważaliśmy jeszcze pytania, czym i jak jest regulowana ilościowa strona emocji i reakcji emocjonalnych. Przecież każdy z biegunów emocji – pozytywny lub negatywny – posiada taki czy inny stopień wyrażania, przejawiania się, określony stopień intensywności. Można tylko nieco się przestraszyć, ale można także odczuć prawdziwy strach czy przerażenie. Może nam być lekko na sercu, ale możemy także doświadczać ogromnej radości. Wobec tego nasze reakcje i działania będą inne – w zależności od tego, jak silne emocje przeżywamy. Na tym właśnie polega ich ilościowa strona. Każda emocja może być zarówno silna, jak i słaba, może zajmować pośrednie miejsce między swoim silnym i słabym przejawem, a nasze działania określa stopień jej przejawiania. Z czym wiąże się siła i słabość emocji, ostrość naszych odczuć, a zatem i siła reakcji na różne emocje?

Myślę, że już się domyśliliście. Wiąże się to z naszymi centralnymi strumieniami.

Czy pamiętacie, jak na początkowych stopniach DEIR mówiliśmy, że centralne strumienie – to odczucia, które są energetycznymi źródłami leżącymi głębiej niż podświadomość? Naturalnie, poziom centralnych strumieni wpływa zarówno na siłę przejawiania emocji, jak i na siłę reakcji, czyli na siłę przekazania ich na zewnątrz. Rozpatrzmy teraz to zagadnienie.

Oto nasz centralny strumień wchodzący. Znamy już jego cechy – przede wszystkim niesie siłę i emocje. Odwrotna strona tego strumienia to „agresja" lub „aktywność" – z psychologicznego punktu widzenia. Jest to stymulacja aktywnego działania na wszystkich jego poziomach – od wewnętrznego, mentalnego (gdy nasza świadomość zaczyna dokonywać potężnych działań), do zewnętrznego, fizycznego (gdy głośniej mówimy, gdy zwiększa się tonus, zdolność dokonywania aktywnych działań). Rzecz jasna, ten sam wpływ wschodzący strumień wywiera na podświadomość. Rezultat jego pracy staje się bardziej energiczny, silniejszy. A rezultatem pracy podświadomości są emocje.

Centralny strumień wschodzący prowadzi do zwiększenia emocji. Wszystkich emocji – i tych przyjemnych, i nieprzyjemnych. Zwiększa on także reakcję – zarówno subiektywną, jak i negatywną – na te emocje.

Pozytywne emocje znacznie się nasilą i doprowadzą do przyśpieszenia reakcji podczas aktywizacji centralnego strumienia wschodzącego. Np. słabe przejawy radości pod wpływem zwiększonego wschodzącego strumienia przejdą w prawdziwą wesołość, której zewnętrzne przejawy są widoczne dla otoczenia. Także słabe objawy zmartwienia mogą rozrosnąć się w prawdziwy smutek, któremu towarzyszą szloch i łzy (co, nawiasem mówiąc, nie jest złe, czasem wręcz niezbędne, żeby od tego smutku uwolnić się raz na zawsze).

Należy mieć na uwadze fakt, że centralny strumień wschodzący, zwiększając emocje, jednocześnie przyśpiesza ich przebieg!

Oznacza to, że męczący nas smutek, który długo tli się w sercu, za pomocą strumienia można zintensyfikować i tym samym szybciej się od niego uwolnić. Odnosi się to też do pozytywnych emocji. Zamiast długotrwałego, łagodnego stanu radości duszy, otrzymamy gwałtowną, ale krótkotrwałą radość. Dzieje się tak, ponieważ w stanie smutku, przy aktywności wschodzącego strumienia podnosi się poziom encefalin, a układ endorfinowy, dążąc do odbudowania równowagi, reaguje szybciej. Natomiast podczas radości nasilenie się strumienia prowadzi do podwyższenia poziomu endorfin – wtedy szybciej reaguje układ encefalinowy, powodujący zaprzestanie radości.

Naturalnie, podczas nasilenia wschodzącego strumienia zwiększają się wszystkie emocje obecne w nas w danym momencie: i strach, i przykrość, i złość. Strach przejdzie w przerażenie, przykrość – w złość, a złość – w gniew, co przełoży się na widoczną zmianę naszego zachowania. Jednak, powtarzam, efekt będzie potężny, ale krótkotrwały, ponieważ strumień wschodzący przyśpieszy ich przejście, znów z powodu aktywizacji układu encefalinowego. Oznacza to, że zwiększenie reakcji daje nadzieję na szybką normalizację sytuacji, która spowodowała negatywne emocje.

Zatem centralny strumień wschodzący:

1. Zwiększa, nasila emocje.
2. Przyśpiesza ich przechodzenie, mijanie.
3. Przekształca negatywne emocje w bardziej konstruktywne, pozwalając na normalizację sytuacji.

Centralny strumień schodzący osłabia emocje. Te przyjemne i nieprzyjemne. Zmniejsza także intensywność reakcji. Spowalnia mijanie emocji, ponieważ nieznaczny poziom endorfin czy encefalin słabiej aktywizuje przeciwnie działający układ. Jeśli czujemy się tak strasznie przytłoczeni smutkiem, nieszczęściem, że nie jesteśmy w stanie uwolnić się od niego, poradzić sobie z nim, możemy czasowo osłabić jego przejawy, zwiększając siłę schodzącego strumienia. Nie uda się całkiem uwolnić od smutku, ale poprawimy swój stan, złapiemy oddech, zbierzemy siły i będziemy mogli przystąpić do zupełnego uwolnienia się od zgryzoty. Jeśli jesteśmy znacznie pobudzeni, nazbyt się cieszymy, a jest to niestosowne, możemy szybko doprowadzić się do porządku, zwiększając schodzący strumień. Radość nie zniknie, tylko zmieni się – stanie się spokojnym tłem naszego stanu ducha.

Centralny strumień schodzący:

1. Osłabia emocje.
2. Spowalnia ich trwanie, mijanie.
3. Zmienia negatywne emocje w mniej konstruktywne, czyli spowalnia produktywną, wydajną reakcję, dając w zamian czas na bardziej rozważne, przemyślane działania.

Spróbujmy teraz przekonać się co do prawdziwości opisanego wpływu centralnych strumieni na przykładzie własnych odczuć.

• ***System nawyków DEIR*** Stopień 5.

Krok 4 i **4a.** *Wpływ centralnych strumieni na emocje*

Siądźmy wygodnie, zamknijmy oczy. Przypomnijmy sobie jakieś pozytywne wydarzenie z naszego życia, wydarzenie, które wciąż budzi w nas radość. Przypomnijmy je sobie bardzo wyraźnie. Teraz wyobrażamy je sobie jeszcze dokładniej, ostro – staramy zanurzyć się w nie tak, jak to robimy w przypadku stanu wzorcowego. Czujemy, jak pojawiają się odpowiednie do naszego stanu emocje, jak stają się bardzo wyraziste, nasycone. Staramy się jak najpełniej skoncentrować na wydarzeniu, aby odczucia stawały się coraz silniejsze – staramy się zwiększyć je do maksimum... Trudno? Nie przerywamy, wciąż skupiamy się na wydarzeniu.

A teraz zaczynamy zwiększać centralny strumień wschodzący – wciąż go zwiększamy, zwiększamy. Odczuwamy, jak emocje stają się coraz bardziej wyraźne, bardziej żywe! Osiągnęliśmy maksimum... Zapamiętaliśmy swoje odczucia, zauważyliśmy, jak się zmieniły i zapamiętaliśmy to... Przełączamy się teraz na centralny strumień schodzący. Zwiększamy go.

Odczuwamy, jak emocje tracą swą wyrazistość, bledną, trudno już je rozróżnić, mimo że wciąż jesteśmy skupieni na wydarzeniu.

Wspaniale! Powtórzmy to ćwiczenie z negatywnym wydarzeniem i zaobserwujmy swoje odczucia.

Nasze centralne strumienie wpływają na emocje. Wobec tego możemy, gdy jest to niezbędne, zwiększyć lub osłabić tło emocjonalne. Właściwie często to robiliśmy, gdy regulowaliśmy swój stan przy pomocy centralnych strumieni.

Można jeszcze dodać, że istnieje także odwrotne powiązanie: pozytywne emocje początkowo zwiększają centralny strumień wschodzący – i zmniejszają pojętność, przenikliwość, a negatywne – odwrotnie – dlatego trwają nieco dłużej... To jednak nie przyniesie nam niczego szczególnego. Przecież już rozwiązaliśmy swoje zadanie – upewniliśmy się, że można kierować emocjami, zrozumieliśmy na własnym przykładzie, w jaki sposób to robić.

Jednak z przeprowadzonego przed chwilą doświadczenia można wyciągnąć jeszcze jeden wniosek: bezpośrednie kierowanie emocjami jest możliwe, ale mamy poważne ograniczenie.

Pracowaliśmy z emocjami, które w taki czy inny sposób już w nas istnieją. Czujemy je, co oznacza, że mają przełożenie na sytuację, która się już wydarzyła, dokonała. A my mamy konkretny stosunek do tego doświadczenia.

Jednak nie mamy – bo nie możemy mieć – konkretnego stosunku do doświadczenia, którego jeszcze nie posiadamy. Nie możemy mieć emocji dotyczących tego, czego nie doświadczyliśmy, co jeszcze jest przed nami. Dlatego możemy nauczyć się kierować już istniejącymi emocjami – jednak tego nawyku nie można zastosować do wszystkich sfer i sytuacji życia, w żaden sposób nie pomaga nam on kroczyć dalej przez życie, nie pomaga w tworzeniu długofalowych punktów orientacyjnych w życiu.

Oddziaływanie na już istniejące emocje jest ograniczone ze względu na zastosowanie, ponieważ może wpływać na powstałą sytuację, a nie na ruch ku perspektywicznym celom.

Wszystko, co w danej kwestii możemy zrobić, sprowadza się do wypracowania techniki pozwalającej na jak najszybsze rozwiązanie określonej, aktualnej w danej chwili sytuacji. W tym celu bezpośrednie kierowanie emocjami jest bardzo ważne. Bez ceregieli można rozwiązać chwilowe życiowe problemy: uwolnić się od przykrości, zwiększyć radość, zmniejszyć agresję, aby dać sobie trochę czasu na zrozumienie, w jaki sposób najbardziej efektywnie postąpić z tym, co tę agresję powoduje... Znając tak prostą technikę, od wielu problemów można się uwolnić; ale nasze możliwości są większe.

Od kierowania do planowania

Mimo że technika działań jest ograniczona, opanujemy ją szczegółowo. Wiemy już, że można wykorzystać wpływ na konkretne emocje w celu rozwiązania istniejących problemów. Możemy jednak wykorzystać tę technikę po to, by wyjść z niepożądanych dla nas sytuacji oraz by stworzyć w naszym życiu sytuacje pożądane. Dzięki niej szybciej rozwiązujemy problemy, to ona popycha nas w tę stronę oraz do tego, by zwiększyć energetyczne oddziaływanie na realne działanie skierowane na zmianę sytuacji.

W tym celu potrzebne będzie oddziaływanie nie na jeden, ale na oba bieguny – od razu. Przecież oddziaływanie tylko na jeden biegun w danym przypadku nie byłoby racjonalne. Wiemy już, że zwiększenie tylko pozytywnych emocji spowalnia pojętność, przenikliwość i szybko wyprowadza ze stanu pozytywnego; natomiast zwiększenie wyłącznie emocji negatywnych pomoże niszczyć to, co się nie podoba, ale nie pomoże w tworzeniu tego, co się podoba...

Tylko oddziałując na dwa bieguny – pozytywny i negatywny, tworzymy niezbędny gradient emocjonalny przypisany do konkretnego zadania. Oznacza to, że ustanawiamy niezbędną różnicę potencjałów, tworząc z jej pomocą potężne pole emocjonalne. Impuls wystarczający do osiągnięcia celu otrzymujemy tylko wtedy, gdy silne są dwa bieguny – zarówno dodatni, jak i ujemny. Zwiększając negatywne emocje w stosunku do bieżącej sytuacji, nastawiamy swą aktywność na jej pokonanie. Natomiast aktywizacja pozytywnych emocji prowadzi do wyznaczenia kierunku niezbędnego dla ruchu. Jednak w tej kwestii bardzo ważne jest przestrzeganie kolejności: najpierw oznaczamy biegun dodatni, a dopiero później – ujemny.

Spróbujmy teraz zastosować tę metodę w celu rozwiązania jakiegoś konkretnego zadania. Pomyślcie sami, co jest dla Was obecnie ważne: przeprowadzić remont mieszkania, zrobić porządek w dokumentach, przygotować sprawozdanie, zagospodarować część ogrodu, zmontować altankę... Niech to nie będzie banalne zadanie w naszym życiu, ale niech także nie będzie ono zbyt poważne, znaczące. Inne wymogi: zadanie naprawdę powinno być aktualne dla nas właśnie w tym czasie, nie powinno być chwilowe (tzn. powinniśmy w to wkładać siły w jakimś odcinku czasu), jego rozwiązanie powinno zależeć od nas – jeśli nie w pełni, to chociaż częściowo.

• ***System nawyków DEIR*** Stopień 5.

Krok 5. *Stworzenie emocjonalnego wektora w celu rozwiązania konkretnego problemu*

Siądźmy wygodnie, zamknijmy oczy. Skupmy się na swojej wirtualnej przestrzeni (jeśli ktoś nie pamięta, jak to zrobić, odsyłam do kroku 1. pierwszego etapu piątego stopnia, opisanego w „Pewności", a także do kroków 2a, 2b, aby zapamiętać, jak odkryć w przestrzeni wirtualnej obszary „dobrze" i „źle").

Przypominamy sobie swój cel – to, co mamy zamiar zrobić. Określamy położenie tego celu w przestrzeni wirtualnej. Usuwamy ten obraz wirtualnej przestrzeni, łącząc go z wewnętrznym obszarem „dobrze". Potem takiemu połączonemu obszarowi zaczynamy dostarczać energię centralnego strumienia wschodzącego. Wciąż utrzymując połączenie obszarów, zauważamy, jak pojawiają się i zwiększają pozytywne emocje. Doprowadzamy odczucia do apogeum i – możemy sobie pozwolić sobie na brak skupienia.

Przestrzeń wirtualna jest elastyczna i ruchoma, dlatego nasz cel i strefa „dobrze" zaraz się rozłączają. Jednak energetyczny związek między nim został już stworzony i wciąż trwa.

Teraz odkrywamy fragment przestrzeni wirtualnej, w którym znajduje się obraz spraw bieżących – gdy jeszcze nie przystąpiliśmy do osiągnięcia swego celu. Łączymy ten fragment ze strefą „źle" i nasączamy połączone strefy energią wschodzącego strumienia. Zauważamy nasilenie negatywnych emocji. Doprowadzamy odczucia do apogeum – i możemy pozwolić sobie na brak skupienia.

Teraz skupiamy się kolejno na odcinkach wirtualnej przestrzeni zawierających bieżący stan spraw oraz nasz cel i nasycamy te odcinki energią centralnego strumienia wschodzącego. Bardzo dobrze.

To, co robiliśmy przed chwilą, można łatwo zrozumieć na przykładzie własnych odczuć w stosunku do rozpatrywanego problemu. Odczucia mamy takie, że wprost rwiemy się do boju, nie inaczej!

Sami zobaczycie, że to uczucie będzie Was dosłownie popędzać, dopóki nie zrealizujecie zadania. Zauważycie, że energetyczne oddziaływanie w kwestii osiągnięcia celu także znacznie wzrośnie i że inni ludzie zaczną z wielkim zadowoleniem z Wami współpracować. Efekt będzie można wzmocnić, gdy nauczymy się wykorzystywać nie obszary „dobrze" i „źle", ale „przyjemnie" i „nieprzyjemnie" (będziemy ich szukać nieco później).

Podana metoda jest bardzo dogodna w celu stymulacji samego siebie ku jakiejś godziwej, dobrej sprawie.

Dodam jeszcze, że metoda może być świetnym uzupełnieniem przyśpieszenia realizacji programów założonych w technikach drugiego stopnia – jeśli w charakterze dodatniego bieguna wykorzystamy integralne odczucie programu sukcesu i powodzenia, a w charakterze ujemnego bieguna – swoje bieżące położenie, tj. odczucie nieosiągniętego celu. Tylko tu należy zachować ostrożność, ponieważ nawet ten, kto posiada zapasy energetyczne czwartego stopnia DEIR, mimo wszystko jest ograniczony w czasie, a zbyt duży wysiłek w krótkim czasie stanowi poważne dodatkowe obciążenie. Tym, którzy jeszcze nie opanowali czwartego stopnia DEIR, nie polecałbym w ogóle eksperymentów z takimi technikami.

Jednak, nie zważając na rewolucyjność, wspaniałość i prostotę danej techniki oraz na możliwość bezpośredniego modelowania swoich emocji, nie pomoże nam ona w rozwiązaniu zadania polegającego na tym, by stwarzać nowe wartości emocjonalne i przenosić je na zewnątrz.

Mówiliśmy o tym, że metoda ta jest dobra dla sytuacji już powstałej, z istniejącymi emocjonalnymi znacznościami. Nie może oświecić drogi w tym, co nieznane – może poprowadzić tylko wśród znanego pejzażu. Nie jest zatem przydatna w twórczości.

Do twórczości potrzebna nam jest metoda przeniesienia emocjonalnych znaczności na zewnątrz, na dowolne zjawisko – tylko wtedy będziemy potrafili ustalić gradient emocjonalnych pól umożliwiający pójście naprzód.

EMOCJE NA ZEWNĄTRZ NAS

Zbliżyliśmy się do głównych, najważniejszych technik rozdziału związanego z naszymi emocjami. Będziemy zajmować się technikami stworzenia i przenoszenia emocjonalnych znaczności, a to jest najważniejsze narzędzie postępu, o czym mieliśmy okazję już się przekonać. Bezpośrednio przed nami odpowiedź na pytanie: jak, własnymi rękoma, tworzyć postęp?

Niedawno zrozumieliśmy, że kierowanie własnymi emocjami jest korzystne i niezbędne, ale, niestety, ograniczone świadomością jednego człowieka.

Czy jednak możemy wydobyć wystarczającą znaczność przedmiotu wyłącznie w oparciu o własną świadomość? Nie, nie będzie ona dostateczna. Dlaczego? Ponieważ znaczność dowolnego przedmiotu określana jest nie tylko przez nasz subiektywny stosunek do niego, ale także przez mnóstwo kwestii zewnętrznych, takich jak znaczenie tego przedmiotu w szeroko pojętej kulturze, jego wartość, to, kto go stworzył, jacy ludzie żywią do niego stosunek i jaki on jest, itd. itp. Wyobraźmy sobie następującą sytuację: podczas spaceru znaleźliśmy jakieś szkiełko niewiadomego pochodzenia. Spodobało nam się, więc schowaliśmy je do kieszeni. Czy nabrało dla nas emocjonalnej wartości? Pewnie tak, skoro go nie wyrzuciliśmy. Jednak ta wartość jest w rzeczywistości bardzo niewielka. Jest tak mała, że z upływem tygodnia zapomnieliśmy o szkiełku i o mały włos nie wyrzucilibyśmy go wraz z jakimiś śmieciami z kieszeni. Przypuśćmy jednak, że wtedy był z Wami znajomy jubiler, który powiedział: „Poczekaj, wydaje się, że to najprawdziwszy diament!". Ekspertyza szkiełka potwierdziła słowa jubilera. Emocjonalna wartość „błyskotki" nieprawdopodobnie wzrosła, dziesiątki, a może setki razy! Wzrosła dla nas nawet emocjonalna wartość zdarzenia, kiedy to znaleźliśmy diament, jeszcze o tym nie wiedząc. Teraz już na całe życie zapamiętacie dzień, godzinę i miejsce jego znalezienia! Co się stało? Ze swej własnej świadomości nie potrafiliśmy wydobyć tak dużej emocjonalnej wartości znalezionego przedmiotu. Po to, by ta wartość wzrosła, potrzebowaliśmy „wzmocnienia" z zewnątrz: zgromadzonej w kulturze wiedzy dotyczącej tego przedmiotu.

A może macie w domu jakiś mebel z antykwariatu, np. starą szafę, która jest Wam bardzo droga? Dlaczego jest aż tak cenna? Tak po prostu? Możliwe. Jednak, gdybyście nagle wyrzucili ze swej świadomości fakt, że mebel ten posiadał Wasz pradziadek, i że z takiego powinowactwa jesteście bardzo dumni (był znamienitą personą na carskim dworze) oraz ten fakt, że szafę wykonano z unikatowego rodzaju czerwonego drewna, oraz inny, że za mebel dostalibyśmy dziś zawrotną sumę, i ten jeszcze, że pamiętacie tę szafę, jak daleko sięgacie pamięcią – czy wtedy byłby Wam tak drogi? Myślę, że nie. Traktowalibyście go jak zwykły, tani mebel. Stałoby się tak tylko dlatego, że mebel zostałby pozbawiony pewnych zewnętrznych charakterystyk – zewnętrznych w stosunku do nas.

Sprawa polega na tym, że wszyscy ludzie, przekładając jedno nad coś innego, wybierają świadomie lub nieświadomie, opierając się na emocjonalnych znacznościach, które są właśnie takie dla społeczeństwa, tj. sugerują się społecznie uznanymi emocjonalnymi znacznościami. To – społecznie uznane – emocjonalne zabarwienie przedmiotów częściowo jest przekazywane poprzez kanał energetyczny. Jednak nawet z chwilą zamknięcia tego kanału (co zresztą czynimy, zamykając ochronną otoczkę na pierwszym stopniu), zabarwienie wciąż będzie wpływać na człowieka. Dlaczego? Ponieważ od jednego człowieka do drugiego potencjalna emocjonalna znaczność przedmiotów przekazywana jest nie tylko w sposób bezpośredni – drogą energetyczną, za pośrednictwem odczuć, ale także w sposób pośredni. W takim przypadku emocjonalna znaczność przedmiotu przekazana przez innych ludzi nie staje się naszą osobistą znacznością, jednak, mimo wszystko, przyjmujecie ją jako znaczność społecznie uznaną. Zachodzi to mimowolnie, całkowicie niezależnie od naszej woli. I tak naprawdę to bardzo dobrze, że nie możemy przerwać tego procesu wysiłkiem woli lub jakimś innym sposobem.

Gdyby było inaczej, nasze społeczeństwo, pozbawione emocjonalnego spoiwa, rozpadłoby się. Jednak ten proces powoduje, że cała kultura, wszystko to, co rozumiemy na temat otaczającego nas świata, życiowe współrzędne, w ramach których działamy – wszystko to wiąże się z pośrednimi znacznościami emocjonalnymi.

Wszystko wokół jest tak dalece przesiąknięte tymi emocjonalnymi znacznościami, że nie dziwi fakt, iż personalna znaczność emocjonalna przedmiotu często jest o wiele mniejsza niż pośrednie socjalne znaczności.

Podobnie nie dziwi fakt, że człowiek jest zależny od stałego dopływu emocji z zewnątrz – przecież (co już na pewno zrozumieliśmy) bez tych zewnętrznych danych na temat przedmiotu nie potrafilibyśmy stworzyć naszej emocjonalnej znaczności.

Musimy, rzecz jasna, uwzględnić to podczas swojej pracy – przecież jak bardzo przydawalibyśmy swoją znaczność naszemu określonemu celowi, nigdy nie osiągnie on poziomu znaczności podtrzymywanego socjalnie! Pozostanie po prostu czymś w rodzaju iluzji – istniejącej tylko w naszej świadomości, nie będzie realna nawet dla naszej świadomości, a tym bardziej nigdy nie utworzy zewnętrznej realności ani dla nas, ani dla innych ludzi. Przykład: na miejscu sadu postanowiliśmy zbudować kosmodrom – drugi Bajkonur. Ze wszystkich sił nasączamy ten cel emocjonalnym znaczeniem. Jednak on w żaden sposób nie wpisuje się w społecznie przyjęte znaczności! Brakuje Wam mnóstwa zewnętrznych elementów, aby przydać temu celowi potrzebny stopień emocjonalnej znaczności Nie macie rakiet, które mogłyby startować, nie udaje się namówić kosmonautów na start z Waszego aerodromu, brak logicznych podstaw – dlaczego kosmodrom potrzebny byłby właśnie tu, w końcu władza ani sąsiedzi nie popierają Waszego pomysłu. Oznacza to, że znaczność pewnej idei dla Was i dla Waszego wewnętrznego świata nie wystarczy, aby tę ideę urzeczywistnić!

Jeśli wziąć pod uwagę wszystko, co zostało powiedziane, nie dziwi fakt, że nasz bieżący stan emocjonalny w ogromnym stopniu zależy od pewnego rodzaju „wymiany substancji" – osobliwego metabolizmu najróżniejszych emocjonalnych znaczności! Tak, proszę państwa, „ty dasz mnie – ja dam tobie" – według takiej zasady działa nasz świat i emocjonalne wartości w nim zawarte. Bez tego wzajemnego przenikania i wzajemnego wzmocnienia niemożliwe byłoby urzeczywistnienie żadnej idei, osiągnięcie celu, wszystkie genialne pomysły umierałyby, zanim by się narodziły – w mózgu ich wielkich stwórców. Żadna książka nie ujrzy światła dziennego, jeśli jest ważna tylko dla jej autora. W naszym życiu nie pojawiłyby się ani radio, ani telefon, ani komputer, jeśli nie byłyby przydatne, korzystne dla wielu ludzi, dla całej społeczności, a nie tylko dla tych, którzy je wynaleźli. Aby idea była wcielona w życie, w jedną całość powinno połączyć się kilka źródeł emocjonalnych znaczności.

Wymiana emocji w świecie

Czas uświadomić sobie, w jaki sposób zachodzi wymiana emocji między człowiekiem i społeczeństwem oraz po co właściwie ta wymiana jest nam potrzebna.

Nie będzie trudności ze zrozumieniem tego procesu. Jeśli emocje oddziałują na człowieka i jeśli w sposób mimowolny, zarówno drogą energetyczną, jak i pośrednią przekazywane są sąsiadowi, to nie może być tak, żeby w społeczeństwie nie ustalił się pewien mechanizm wymiany. Społeczeństwo żyje w jednolitym polu emocjonalnym – oto dlaczego tak trudno wyzwolić się spod jego władzy! Wartości do przyjęcia pod względem socjalnym są zabarwione emocjonalnie, w przeciwnym razie nie byłyby wartościami. Obraz życia będący do przyjęcia pod względem socjalnym może nam się sprzykrzyć, stać się obmierzłym, jednak nie przestanie na nas oddziaływać i narzucać się razem z emocjami otaczających ludzi. Aby wyrwać się z przyjętego przez społeczeństwo sposobu życia, dopuszczalny dla nas inny obraz życia musi zacząć być podtrzymywany emocjonalnie nie tylko dzięki nam – od środka, ale także z zewnątrz!

Teraz ustalmy, po co człowiekowi jest potrzebna ta wymiana emocjonalna. To bardzo proste: człowiek wykorzystuje ją jako środek wspomagający w celu regulowania własnego bilansu emocjonalnego, emocjonalnej równowagi.

Wiemy, że istota ludzka chce unikać emocji negatywnych, a doświadczać pozytywnych. Oprócz tego wiemy, że pozytywny stan emocjonalny nie trwa wiecznie, ponieważ stymuluje strumień wschodzący i jest szybko kompensowany przez encefaliny. Wiemy też, że negatywny stan trwa nieco dłużej, ponieważ stymuluje centralny schodzący strumień i zatrzymuje własną kompensację. Wiemy jednak też, że w stanie spokoju bilans emocjonalny powoli porusza się w kierunku negatywu (dlatego spokój stopniowo przechodzi w nudę, w stan „źle").

Czego podświadomie może chcieć człowiek? Po pierwsze, przedłużyć pozytywny stan. Po drugie, jak najszybciej uwolnić się od stanu negatywnego.

Oczywiście, podświadomie zaczyna działać.

Co człowiek robi z pozytywnymi emocjami? Wyrzuca je na powierzchnię – na otaczających go ludzi i na otaczające przedmioty. Po co?

Po to, żeby przedłużyć ich działanie na samego siebie. Przecież wkrótce się skończą, z powodu kompensacji układu encefalino-endorfinowego.

A tak... Tak człowiek może zachować je dla siebie. Przecież emocje te kierowane są przede wszystkim ku tym ludziom, którzy są człowiekowi bliscy (darujemy im uśmiechy, komplementy) lub na bliskie mu przedmioty (ozdabiamy mieszkanie). Wtedy zwiększeniu ulega potencjalna pozytywna znaczność emocjonalna tych obiektów! A obiekty te zaczynają promieniować na człowieka emocjonalną znacznością – płacąc mu tym samym! Człowiek jakby włożył swe wartości w akcje przynoszące niemałe dywidendy i teraz odcina kupony z włożonego bogactwa! W taki oto sposób jest przedłużany stan pozytywny – jest „wkładany" w coś zewnętrznego, co chroni i oddaje ten pozytywny stan właścicielowi! Wróciliście zdenerwowani z pracy do domu, który urządziliście z miłością i zaraz poczuliście się lepiej. W taki sposób tworzymy zapasy emocjonalnych znaczności i wykorzystujemy je w miarę potrzeb.

Trzeba nadmienić, że z każdym następnym razem, podczas kolejnych kontaktów z przedmiotem, człowiek odczuwa nieco więcej pozytywnych emocji. Te przedmioty zwiększają różnicę emocjonalnych potencjałów tego pola emocjonalnego, w którym istnieje człowiek – kosztem wzrostu mocy i siły pozytywnego bieguna.

Zatem pozytywne emocje człowiek zwykle wyrzuca na zewnątrz. A co robi z negatywnymi?

Tu można mówić o kilku wariantach. Pierwszy znany jest ludziom, którzy, przebywając w negatywnym stanie, zamykają się w sobie i zaczynają cierpieć, czasami nawet specjalnie „nakręcając się" według zasady „tak, niech mi będzie jeszcze gorzej". Czy to oznacza masochizm? Nie, w takim zachowaniu (jakkolwiek by ono dziwnie wyglądało) jest pewien sens: „nakręcanie się" prowadzi do ostrego podniesienia się poziomu encefalin, co z kolei aktywizuje układ endorfinowy, który od razu nastawia się na zmianę stanu. Mimo to taka droga nie jest racjonalna – nie prowadzi przecież do rozwiązania problemu.

Drugi wariant polega na tym, że człowiek chce jakoś oderwać się od tego stanu, odwrócić swą uwagę, zrobić samemu sobie prezent, ucieszyć siebie. To, z reguły, albo zupełnie nie pomaga, albo pomaga na bardzo krótki czas. Naturalnie, i ten wariant nie jest racjonalny, ponieważ także nie prowadzi do rozwiązania problemu.

Trzeci wariant wykorzystują ludzie potrafiący i lubiący przelewać złą energię na innych, z reguły, na kogo popadnie, kto znajdzie się pod ręką, szczególnie na tych, którzy się nie podobają, choć bywa, że przypadnie to w udziale ludziom bliskim i kochanym. W tym przypadku u ludzi, na których kierowany jest cały strumień negatywności, obniżeniu ulega tło emocjonalne, co prowadzi do osłabienia centralnego strumienia wschodzącego, w wyniku czego stają się oni niezabezpieczeni, wystawieni na ciosy, mniej chronieni. Z tym, kto wyrzucił na nich tę złą energię, zachodzi coś odwrotnego – czuje, że mu ulżyło i zaczyna czuć się podniesiony na duchu. Jednak to też nie jest dobra metoda, ponieważ przynosi krótkotrwałą poprawę. Na dłuższy dystans czasu nie zdaje egzaminu, ponieważ:

a) nie można w nieskończoność obniżać emocjonalnego pola sąsiadów;
b) w rezultacie negatywna indukcja emocjonalna od sąsiadów przenika do świadomości tego, kto zgotował im ten negatyw, a wtedy człowiekowi zaczyna być jeszcze gorzej, niż było. W tym wypadku potwierdza się stara prawda, że zło nie przynosi korzyści!

Czwarty wariant: człowiek zżera sam siebie, gryzie się tym, co się stało, tak bardzo, że zmienia się jakość jego negatywnych emocji, np.: przykrość przekształca się w gniew. Jednocześnie nasila się strumień wschodzący. To jest już dobre, ponieważ gniew – to emocja konstruktywna, wiodąca do wyrzucenia negatywu nie na kogo popadnie, a właśnie na źródło problemu. Być może, uwolniona w ten sposób energia pomaga rozwiązać problem, jakoś go zmienić. Czasami takie rzeczy dobrze jest robić w pełni świadomie – często w sercu tkwi jakaś drzazga, której sobie właściwie nie uświadamiamy, ale która nam przeszkadza. Jeśli ranę szarpać świadomie i wyjąć tę drzazgę (może nią być dawno zapomniana przykrość, tajona złość na sprawcę przykrości), to skryte uczucia zaczynają przejawiać się burzliwie i otwarcie, przykrość przechodzi w gniew (do tej pory cierpieliście: „Jaki ja jestem biedny! Dlaczego?", a teraz pojawiły się inne uczucia: „Jak ten podlec śmiał tak ze mną postąpić – przecież jestem godny szacunku!"), czyli przybiera bardziej konstruktywny kierunek, podwyższa się aktywność skierowana na rozwiązanie problemu.

Negatywne emocje też mogą uczestniczyć w socjalnej wymianie, choć, prawdę mówiąc, w nieco paradoksalny sposób.

Jednak dla nas, jak dobrze wiecie, ważne jest coś innego: to, że emocje mogą być przeniesione nie tylko na ludzi, ale także na przedmioty, zjawiska, pojęcia, idee – na wszystko to, co uczestniczy w socjalno-emocjonalnej wymianie.

Możemy teraz wyciągnąć ważny wniosek: jeśli wewnątrz człowieka emocje szybko osiągają stan równowagi, to wprowadzenie ich do wymiany socjalnej w istotny sposób zwiększa czas ich działania i w rezultacie jest jakby rezerwą dla człowieka. Fakt ten, rzecz jasna, możemy wykorzystać.

Przeniesienie emocjonalnych znaczeń

Oprócz przenoszenia emocji z człowieka na człowieka istnieje przenoszenie emocji na obiekty, stosunki, pojęcia, idee. Należy nadmienić, że właśnie ten proces odgrywa w naszym życiu ważniejszą rolę niż przenoszenie emocji z człowieka na człowieka!

Przecież właśnie to przenoszenie znaczeń emocjonalnych na przedmioty jest przyczyną powstania potężnych emocjonalnych wektorów, zmuszających ludzkość do rozwoju w tym kierunku, w którym się rozwija.

Istnieje wektor, a więc jest rozwój. Nie ma wektora – nie ma też ruchu. A to oznacza, że nie ma pragnień, że brak radości z powodu ich spełnienia, z powodu osiągnięć, z powodu ruchu ku czemuś lepszemu. Nie ma niczego poza zadowoleniem wynikającym z zaspokojenia podstawowych potrzeb fizjologicznych.

Jeśli opanujemy technikę przeniesienia na zewnątrz potencjalnych emocjonalnych znaczeń, będziemy potrafili stworzyć emocjonalny wektor podtrzymujący nas w czasie realizacji celów i wciągający w ten ruch innych.

W tym celu musimy odkryć na globusie naszej świadomości, w swojej wirtualnej przestrzeni dwa obszary: „przyjemnie" i „nieprzyjemnie".

- ***System nawyków DEIR*** Stopień 5.

Krok 6a. *Odkrycie obszaru „przyjemnie" w wirtualnej przestrzeni świadomości*

Wysilmy swoją pamięć i znajdźmy w niej kilka miłych wspomnień. Mogą to być wspomnienia radosne, wesołe albo po prostu wspomnienia tych chwil, gdy czuliśmy się doskonale pod względem fizycznym, gdy było nam przyjemnie, gdy czuliśmy zadowolenie. Powinny to być wspomnienia związane z dowolnymi pozytywnymi emocjami.

Siadamy wygodnie, zamykamy oczy. Zaczynamy analizować pierwsze wspomnienie. Najpierw przypominamy sobie, co to było, potem – co podczas tego czegoś czuliśmy każdym narządem zmysłów, potem wspominamy sam stan, gdy było dobrze – i odtwarzamy ten stan w odczuciach w danym momencie. Zwiększamy nieco centralny strumień wschodzący. Tworzymy integralne odczucie wspomnienia. Następnie, według tego samego schematu, wspominamy kolejne przyjemne zdarzenie i dołączamy je do poprzedniego. To samo robimy z kolejnym wspomnieniem. Określamy obszar ich przecięcia się w przestrzeni wirtualnej. Tak, powtarzając kilkakrotnie kolejność tych działań, znajdujemy obszar przecięcia się integralnych odczuć przyjemnych wspomnień. Zapamiętujemy go. Nie musimy już być skupieni, otwieramy oczy.

Wspaniale! Znaleźliśmy swój obszar „przyjemnie". Wspólną cechą tych wspomnień jest tylko to, że towarzyszyło im wyrzucenie endorfin! Tak oto znaleźliśmy obszar wirtualnej przestrzeni odpowiadającej tym wyrzutom. Zwróćcie uwagę na fakt, że obszar ten położony jest w naszej wirtualnej przestrzeni nieopodal obszaru „dobrze", ale nie jest z nim tożsamy.

Jak sprawdzić jakość naszej pracy? To proste: przenieście ogniskowy punkt Waszej świadomości, punkt *ja jestem* do odkrytego obszaru. Od razu zauważycie, jak poprawia się nastrój i zwiększa centralny strumień wschodzący! Po prostu wspaniale!

Teraz znajdziemy wewnętrzny obszar „nieprzyjemnie".

• *System nawyków DEIR* Stopień 5.

Krok 6b. *Odkrycie obszaru „nieprzyjemnie" w wirtualnej przestrzeni świadomości*

Teraz sięgnijcie do Waszej pamięci i przypomnijcie sobie kilka nieprzyjemnych chwil – mogą to być wspomnienia nieprzyjemne pod względem fizycznym, straszne, smutne, wstrętne... Muszą wiązać się z dowolnymi nieprzyjemnymi emocjami. Siadamy wygodnie, zamykamy oczy. Pierwsze wspomnienie rozpracowujemy według schematu zastosowanego do wspomnień przyjemnych. Najpierw wspominamy, co to takiego było, potem odtwarzamy wszystkie swoje odczucia tej chwili, wszystko, co postrzegaliśmy swoimi narządami zmysłów, następnie odtwarzamy samo zdarzenie, gdy było źle. Potem nieco wzmacniamy centralny strumień wschodzący. Tworzy się integralne odczucie wspomnienia. Do niego dołączamy integralne odczucie kolejnego złego wybranego przez nas wspomnienia (znów według podanego wcześniej schematu), potem jeszcze jedno wspomnienie – i śledzimy obszar ich przecięcia w wirtualnej przestrzeni.

Zapamiętujemy położenie tego obszaru. Odrzucamy skupienie. Otwieramy oczy.

Oto odkryliście obszar „nieprzyjemnie" leżący na przecięciu się kilku nieprzyjemnych wspomnień w Waszej wirtualnej przestrzeni. Zauważyliście, że obszar ten znajduje się nieopodal obszaru „źle", ale nie jest z nim tożsamy. Jeśli przesuniecie punkt *ja jestem* do obszaru „nieprzyjemnie", Wasz nastrój znacznie się pogorszy, a centralny strumień wschodzący ulegnie osłabieniu. Aby rozwiązać problemy, będziemy musieli odwoływać się także do takiego stanu.

Rodzi się naturalne pytanie: po co potrzebne nam są obszary „przyjemnie" i „nieprzyjemnie"? Odpowiedź jest prosta. Znaczenia „dobrze" i „źle" powstają po fakcie, już po zdarzeniu, gdy sytuacja odeszła w przeszłość. Rozpatrujemy ją z pozycji teraźniejszej, oceniając to, co zaszło, jako „dobrze" lub „źle". W chwili gdy ta sytuacja ma miejsce, możemy jeszcze takich ocen nie wystawiać, powstają one później. Przecież bywa tak, że coś, co początkowo wydawało się nam dobre, później okazuje się złe – i odwrotnie.

A takie odczucia, jak „przyjemnie" i „nieprzyjemnie" są bardziej bezpośrednie, doświadczamy ich w czasie rozwoju sytuacji. Oprócz tego „przyjemnie" i „dobrze" nie są tożsame, podobnie jak „źle" i „nieprzyjemnie". Przecież w życiu każdego z nas istnieje mnóstwo wspomnień, które z jednej strony są nieprzyjemne, ale w rezultacie okazują się dobre. Przykład: poród czy też leczenie chorego zęba. Istnieją także przyjemne wspomnienia o zdarzeniach później ocenianych jako złe. Przykład: zdrada małżeńska czy obżarstwo przy świątecznym stole.

Raz na zawsze przyklejona etykietka „źle" lub „dobrze" nie jest w stanie stworzyć żadnego ruchu – jest to już przecież utrwalona, niezmienna ocena. A nas interesuje tylko ruch! Dlatego będziemy posługiwać się biegunami „przyjemnie" – „nieprzyjemnie" jako tymi bardziej żywymi, ruchomymi. Ruch myśli zrodzony jest z wektora od „nieprzyjemnie" do „przyjemnie" – i to jest najlepszy sposób poruszania się w nieznanych, niezbadanych obszarach, w które wkroczymy.

Oto teraz, gdy odkryliśmy obszary „przyjemnie" i „nieprzyjemnie", możemy po raz pierwszy naprawdę przenieść emocjonalną znaczność na dowolny przedmiot, obiekt, ideę, pojęcie. Mówiąc dokładniej, możemy nawet stworzyć emocjonalną znaczność tam, gdzie wcześniej jej nigdy nie było – tym samym możemy popchnąć siebie i innych do ruchu w kierunku przez nikogo jeszcze nieopanowanym! To nieprawdopodobna wprost perspektywa dla Was i całej ludzkości.

• *System nawyków DEIR* Stopień 5.

Krok 7a. *Stworzenie bieguna „dobrze" w świecie zewnętrznym*

Wybierzcie sobie cel w postaci przedmiotu, pojęcia, zadania lub idei. Ludzi nie można wybierać, ponieważ, po pierwsze – nie jest to etyczne, a po drugie – są to zbyt znaczące obiekty, a Wy początkowo powinniście ćwiczyć na obiektach mniejszej wagi.

Zamykamy oczy. Odnajdujemy w swojej przestrzeni wirtualnej miejsce odpowiadające wybranemu celowi. Przesuwamy ten obszar do wewnętrznego obszaru „przyjemnie", wzmacniając jednocześnie centralny strumień wschodzący. Gdy obszary połączą się, nasycamy je energią centralnego wschodzącego strumienia – utworzy się energetyczne zgęstnienie, które wchłonie w siebie obszar naszego celu i odbicie, odcisk obszaru „przyjemnie". Kontynuujemy nasycanie, dopóki nie pojawi się odczucie, że pochłanianie energii zaczyna maleć, a nastrój poprawia się skokowo.

Cały czas utrzymujemy zwiększony energetyczny strumień wschodzący, wyprowadzamy to zgęstnienie ze swojej przestrzeni wirtualnej na zewnątrz i utrwalamy je na atrybucie naszego celu – może to być jakiś umowny atrybut, niekoniecznie sam cel, ale to, co się z nim kojarzy: rysunek, symbol itd. Jeśli obraliśmy cel, np. zdać egzamin, to jego atrybutem może być indeks z dobrą oceną. Nic się nie stanie, jeśli brak materialnego obiektu, który odpowiadałby naszemu celowi – wtedy po prostu wyprowadzamy na zewnątrz, najlepiej wysoko, wysoko nad głową nasze wyobrażenie, obraz celu i przesuwamy tam energetyczne zgęstnienie nasycone energią. Teraz nagle przerywamy kontakt – i gotowe!

Im więcej energii centralnego strumienia wschodzącego dodaliśmy naszemu przyszłemu biegunowi emocjonalnemu, tym lepiej, tym potężniej będzie oddziaływał. Sprawdźcie – przypomnijcie sobie przedmiot, cel – i odczujcie, jak coś do niego dosłownie Was ciągnie, popycha (naturalnie, popchnie ku pozytywnemu wynikowi i na przykład zdacie wspaniale egzamin). Jeśli przesuniecie do tego obszaru punkt *ja jestem*, dosłownie ogarnie Was fala ciepła i przyjemności.

Spróbujmy teraz popracować z biegunem ujemnym.

• ***System nawyków DEIR*** Stopień 5.

Krok 7b. *Stworzenie bieguna „źle" w świecie zewnętrznym*

Wybierzcie sobie cel (a właściwie antycel – to, co przyjmujecie za punkt wyjściowy do ruchu, to, czego chcielibyście uniknąć) w postaci przedmiotu, pojęcia, zadania lub idei. W tym przypadku także lepiej nie wybierać ludzi z powodów etycznych i nadzwyczajnej ważności takiego celu, jakim jest człowiek.

Zamykamy oczy. W swojej wirtualnej przestrzeni odnajdujemy obszar odpowiadający wybranemu przez nas celowi. Przesuwamy go do wewnętrznego obszaru „nieprzyjemnie", zwiększając jednocześnie centralny strumień wschodzący. Gdy obszary połączą się, nasycamy otrzymany konglomerat energią tego strumienia – powstaje energetyczne zgęstnienie mieszczące w sobie wyobrażenie celu i odbicie – odcisk obszaru „nieprzyjemnie". Kontynuujemy nasączanie, dopóki nie pojawi się odczucie, że pochłanianie energii zmniejsza się, a nastrój znacznie się pogarsza.

Cały czas utrzymujemy zwiększony centralny wschodzący strumień energetyczny, wyprowadzamy to zgęstnienie ze swojej przestrzeni wirtualnej na zewnątrz i utrwalamy je na atrybucie naszego celu (na czymś, co kojarzymy z celem). Jeśli brak materialnego obiektu, który odpowiadałby naszemu celowi – wtedy po prostu wyprowadzamy na zewnątrz, najlepiej wysoko, wysoko nad głowę nasze wyobrażenie, obraz celu i przesuwamy tam energetyczne zgęstnienie nasycone energią. Teraz szybko i gwałtownie przerywamy kontakt, przerywając łączność! Zrywając kontakt, zostawiamy cały wprowadzony przez nas zapas energetyczny na zewnątrz.

Im bardziej utworzony przez nas biegun będzie nasycony energią, tym potężniejsza moc jego pracy – jest to bezpośrednio ze sobą powiązane. Sprawdźcie: gdy przypomnicie sobie swój antycel, zupełnie odrzuca Was od niego! Jeśli przesunąć tu punkt *ja jestem*, rezultat będzie wspaniały! Oczywiście, mając na uwadze siłę wrażeń...

Biegun „źle", dzięki utworzeniu go na zewnątrz, pomoże ustalić punkt wyjściowy dla wektora emocjonalnego – tzn. ten punkt, od którego się odbijemy, by szybko poruszać się ku upragnionemu punktowi „dobrze".

Co zrobiliśmy przed chwilą? Stworzyliśmy energetyczne zgęstnienie znajdujące się w zewnętrznej przestrzeni, ale związane z naszym wyobrażeniem przedmiotu oraz obszarami emocjonalnymi! To energetyczne zgęstnienie zostaje wciągnięte do energetycznej wymiany i jednocześnie rozprzestrzenia wokół siebie znaczność emocjonalną! Wszystko, co zgęstnienie zawiera w sobie: pojęcie, przedmiot czy ideę – ma wartość socjalną, którą mu to zgęstnienie nadaje. Teraz zgęstnienie wpływa na nas i na innych ludzi, tworząc wokół siebie sieć emocjonalnych znaczeń, wśród których ludzie mimowolnie ukierunkowują się (jeden w jedną stronę, drugi – w drugą), wstępują we wzajemne relacje, które potem do nas wrócą w postaci emocjonalnych punktów orientacyjnych i emocjonalnego wspomagania.

Gratuluję Wam! To ogromne osiągnięcie, nie tylko dlatego, że po raz pierwszy sami ***stworzyliście*** emocjonalną znaczność, ale także dlatego, że stworzyliście emocjonalne znaczności dla innych ludzi, darując im różnicę znaczeń emocjonalnego pola, co z kolei umożliwia osiągnięcia, a zatem – i radość życia!!! To część TWÓRCZOŚCI. Winszuję.

Może nam się przydać jeszcze jedna technika psychologiczna – z niewielką informacyjną modyfikacją. Wygląda na prostą i powierzchowną, jednak w rzeczywistości jest bardzo ważna i przydatna. Czasami jest nam potrzebny zapas energii (który nie jest niczym innym, jak zapasem motywacji do osiągnięcia określonego celu czy w ogóle do jakiegokolwiek ruchu). Nie zawsze mamy takie rezerwy pod ręką, ponieważ nie zawsze rozwiązanie prostych problemów

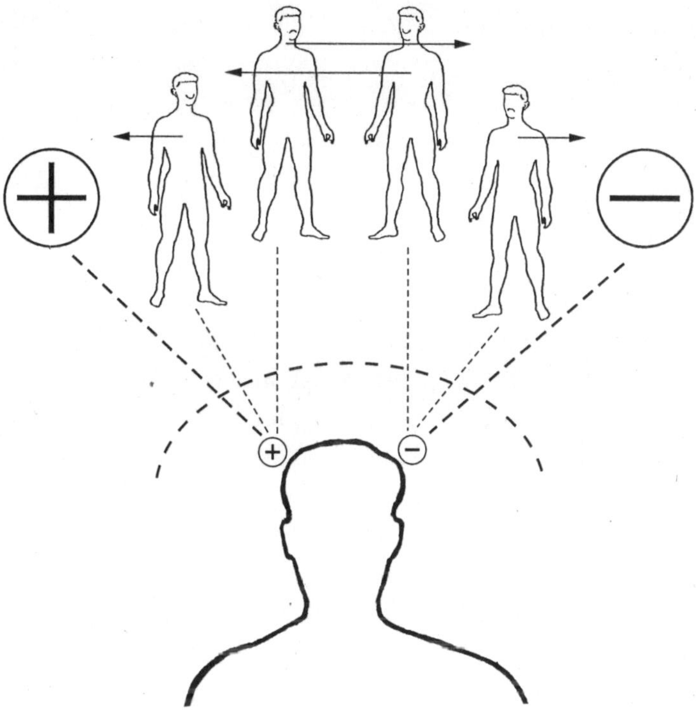

Rys. 22. Nadamy zabarwienie emocjonalne czemuś nieznanemu – i życie zacznie oswajać, opanowywać te bieguny.

poważnie zainteresuje człowieka posiadającego znaczne możliwości. Jednak te zwykłe życiowe problemy też przychodzi nam rozwiązywać. Widocznie po to, by nasza świadomość automatycznie tworzyła znaczny wybuch, wypływ emocjonalny i energetyczny wtedy, gdy jest nam potrzebny, korzystnie byłoby mieć pod ręką niewielki zapas niewykorzystanej motywacji. Tworzy się go całkiem łatwo. Nie musimy go nawet oznaczać jako jeszcze jednego kroku systemu DEIR.

Sprawcie, by Waszym przyzwyczajeniem stało się pewne zachowanie, np.: raz czy dwa razy w tygodniu, tuż po zaparzeniu sobie kawy czy przygotowaniu kanapki (ale jeszcze przed konsumpcją), podrzućcie monetę. Należy przy tym spełnić dwa warunki: pierwszy – żebyście rzeczywiście chcieli zjeść to, co sobie przygotowaliście; drugi – żebyście w trakcie robienia kanapki nie liczyli na to, że jej nie zjecie. Zdecydujcie – jeśli na monecie wypadnie np. orzeł, będziecie musieli odłożyć kanapkę (chociaż wcale tego byście nie chcieli), odstawić filiżankę kawy i zająć się innymi sprawami, np. pójść do pracy. Gdzieś po upływie dziesięciu minut od rezygnacji ze swojego życzenia odczujecie pewne niejasne, mgliste niezadowolenie. A przypływ takiego niejasnego niezadowolenia to przypływ energii do pokonania tego niezadowolenia. Odszukajcie w swojej wirtualnej przestrzeni źródło tego niejasnego niepokoju i przekierujcie energię promieniującą z niego do wewnętrznego obszaru „dobrze" (jeśli przepracujecie to z obszarem „przyjemnie", efekt będzie znacznie większy). Niepokój złagodnieje i pojawi się stan nieco podniosły, stan lekkiego uniesienia. Wspaniale! Jednak motywacja, skierowana na niezakończone działania, nigdzie nie zniknie. Teraz, jeśli macie przed sobą jakieś interesujące zadanie, utrwalenie – zapis niezakończonej motywacji w obszarze „dobrze" zostanie zamknięty – a wtedy wypłynie na powierzchnię, zwiększając dziesięciokrotnie Wasze uniesienie, Wasz zapał. Energię uwolnioną w wyniku niezjedzonej kanapki możecie kierować na inne, wielkie sprawy!

W taki oto sposób opanowaliśmy techniki bazowego przeniesienia znaczeń emocjonalnych na zewnątrz.

Jednak na razie są to tylko techniki – a my doskonale wiemy, że o wszystkim nie decyduje sama technika, ale konsekwencja jej stosowania. Co możemy zbudować z modułów, które opanowaliśmy? W jaki sposób możemy je wykorzystać?

Możemy stworzyć emocjonalną znaczność w świecie zewnętrznym w taki sposób, że stworzy ona w środowisku potęż-

ny wektor emocjonalny, który nie tylko będzie nas wspierał w drodze do celu, ale stworzy także dla innych emocjonalne punkty orientacyjne.

TWORZYĆ RADOŚĆ ŻYCIA

Jesteśmy gotowi do rozmowy o pierwszej części naszego zdania – zmianie świata, tworzeniu w nim nowego. Część ta, jak już rozumiecie, polega na stworzeniu emocjonalnego wektora – tego, co jest niezbędne nam i otaczającym nas ludziom. Przecież poznanie i twórczość pozbawione radości życia są nie do pomyślenia. A radość powstaje wyłącznie dzięki ruchowi myśli, człowieka, społeczeństwa między emocjonalnymi biegunami. Taki jest nasz świat.

Z technicznego punktu widzenia możemy przenosić emocjonalne bieguny na zewnątrz. Teraz powinniśmy popracować nad tym, jak połączyć opanowane przez nas techniki, żeby wektor pracował.

To wymaga spełnienia kilku ważnych warunków: stworzony wektor powinien odpowiadać właśnie Wam i ruch w nim powinien przynosić zadowolenie, satysfakcję, powinien sam się rozwijać i pomagać w ruchu naprzód. Powinien przynosić radość.

Nie są to łatwe, proste warunki, prawda? Jednak tylko ich przestrzeganie może otworzyć przed nami całe piękno świata. Żeby to osiągnąć, należy odnosić się do życia z miłością.

Prawdziwość biegunów emocjonalnych

Niesłuszne byłoby tworzenie w świecie zewnętrznym takich znaczności emocjonalnych, które nie odpowiadają ukształtowanej w nas emocjonalnej strukturze. Przecież każdy z nas ma jakieś swoje określone emocjonalne punkty orientacyjne, ukierunkowania, wartości – to, co z emocjonalnego punktu widzenia jest dla nas ważne. Oznacza to, że każdy człowiek ma swój własny wewnętrzny świat emocjonalny. Możemy stworzyć tylko taki zewnętrzny świat, który odpowiada temu istniejącemu już w nas świecie. Inny świat, nieodpowiadający temu naszemu wewnętrznemu, w istocie nie jest nam potrzebny. Wyobraźcie sobie, że jesteście niezwykle utalentowani humanistycznie, że ścierpieć nie możecie matematyki i fizyki, a uwielbiacie literaturę, malarstwo, muzykę. Załóżmy teraz, że ktoś potężny proponuje Wam karierę matematyka – jeśli tylko zechcecie, możecie zostać laureatem nagrody Nobla! Jednak jeśli matematyka zupełnie Was nie interesuje, jeśli wprost odrzuca Was od niej – odmówicie, tak wspaniała droga życiowa nie będzie interesująca, ponieważ nie odpowiada Waszym wewnętrznym emocjonalnym wartościom. A najważniejszym warunkiem szczęścia jest budowanie swego życia zgodnie z wewnętrznymi emocjonalnymi wartościami. W przeciwnym razie żadna kariera, żaden sukces zawodowy nie da szczęścia, przyniesie tylko mękę.

Zatem tworzony przez nas wektor prowadzący od bieguna „źle" do bieguna „dobrze" powinien oczywiście odpowiadać wewnętrznym, podświadomym, prawdziwym pragnieniom.

O tym, co się dzieje, gdy próbujemy realizować cele niezgodne z prawdziwym pragnieniem, wiemy doskonale – opanowaliśmy to na drugim stopniu. Nikomu taki cel nie jest potrzebny, a Wam w szczególności.

Czy domyślacie się, do czego to się sprowadza? Zanim przystąpimy do stworzenia na zewnątrz upragnionego świata, powinniśmy sprawdzić prawdziwość tego emocjonalnego bieguna, do którego dążymy!

To już umiemy robić. Jednak w przypadku bieguna pojawia się niewielki problem. Gdy tworzymy nową znaczność emocjonalną na zewnątrz, ona automatycznie wchodzi w nasz świat, staje się częścią składową istniejącego już wewnętrznego schematu emocjonalnego! Z jednej strony ta emocjonalna znaczność zaczyna być odczuwana i traktowana jako nasza własna część emocjonalna, a podświadomość i świadomość przyjmują ją bez odczucia sprzeczności. Jednak z drugiej strony owa znaczność może pomimo wszystko stać w sprzeczności wobec tendencji rozwoju emocjonalnych znaczności, które już posiadamy – chociaż może to być dla nas niewyczuwalne i dlatego możemy przyjąć tę nową wartość bez żadnych zastrzeżeń za swoją!

Co w wyniku tego otrzymujemy? Nic dobrego. Człowiek całe życie dąży do urzeczywistnienia swojego celu, będąc szczerze przekonany, że pragnienie jej osiągnięcia jest prawdziwe i ten cel jest mu bezwarunkowo potrzebny. Traci życie na osiągnięcie tego celu – a gdy go osiągnie, przekonuje się, że to zupełnie nic to, czego mu naprawdę potrzeba. Następuje gorzkie rozczarowanie, odczucie zmarnowanych lat i żalu, że nie można zacząć życia od początku po to, by przeżyć je rozsądnie, znajdując jego prawdziwy sens. Przypomnijcie sobie znaną historię o baronie Munchausenie, który, zobaczywszy pawia, pomyślał, że ptak z tak pięknym upierzeniem powinien posiadać równie zachwycający głos; baron stracił niemało czasu i sił, aby usłyszeć śpiew ptaka. Jakże się rozczarował, gdy zamiast rajskich dźwięków do jego uszu dotarł jakiś straszny klekot. Tak samo rzecz się ma z ludźmi – gonią za tym, co nie jest im zupełnie potrzebne – tylko dlatego, że stworzyli sobie emocjonalną wartość sprzeczną z potrzebami własnej podświadomości.

Cóż wobec tego robić, jeśli cel przekształcony w biegun emocjonalny przestaje być rozpoznawalny jako obcy? Bardzo łatwo: zanim przekształcimy wartość w emocjonalny biegun, koniecznie należy sprawdzić prawdziwość wartości, przedmiotu lub pojęcia, z którymi chcemy pracować.

Ważne jest także, by sprawdzać je w rozwoju, w procesie ich istnienia. Przecież nasze uczucia mogą ulegać zmianie i to, co dziś jest prawdziwą wartością, jutro może się już zestarzeć, stając się niepotrzebnym ciężarem. Jak to wszystko sprawdzić? Z technicznego punktu widzenia jest to bardzo łatwe. Umiecie już to robić: sprawdźcie prawdziwość celu dokładnie tak, jak to robiliście na drugim stopniu DEIR. Nie zapominajcie tylko, że sprawdzenie należy przeprowadzić, zanim uformujecie ze swojego celu biegun emocjonalny.

Rozpatrzymy technikę stworzenia emocjonalnego wektora na danym przykładzie. Nie chciałbym podawać przykładów związanych z wartością niezabarwioną socjalnie, ponieważ wtedy przykład będzie niezrozumiały. W przykładzie posłużymy się przedmiotem niepozbawionym socjalnej wartości, ale nieposiadającym aktywnego zabarwienia pozytywnego dla mikrospołeczeństwa otaczającego twórcę wektora (jednak miejcie na względzie fakt, że własny cel powinniście odszukać samodzielnie – przecież to już twórczość i sami powinniście go odkryć, tworząc emocjonalną wartość z tego, co jeszcze niedawno było obojętne, przekształcając to, co obojętne, w coś znaczącego pod względem emocjonalnym; dlatego poniższy obrazek rozpatrujcie wyłącznie jako przykład, a nie jak wytyczne do działania).

Przypuśćmy, że chcecie zbudować domek letniskowy, chociaż sami nie macie na to pieniędzy, a na rodzinę też nie możecie liczyć, ponieważ tylko Wy chcecie posiadać daczę. Idea domku już istnieje w Waszej świadomości, jednak, nie bacząc na możliwości czwartego i piątego stopnia DEIR, jakoś nieszczególnie przemieszczacie się w tym kierunku. Dlaczego? Już znamy odpowiedź – to zadanie jest zbyt pospolite, możecie je rozwiązać bez szczególnych strat energii, dlatego Wasze pragnienie nie jest nazbyt żarliwe. Jednak z daczą byłoby lepiej niż bez niej. Wtedy decydujecie się na stworzenie wektora emocjonalnego (oczywiście do takich socjalnych zadań stosujemy nawyki drugiego stopnia, jednak, jak już mówiliśmy, drugi etap piątego stopnia jest nieco podobny do drugiego etapu, choć jest nowym poziomem w stosunku do niego). W charakterze biegunów występują: plus – gdy jest dacza, minus – gdy jej brak.

Będziemy rozpatrywać fazy stworzenia emocjonalnego wektora na przykładzie tego właśnie domku letniskowego.

• ***System nawyków DEIR*** Stopień 5.

Krok 8a. *Sprawdzanie prawdziwości pozytywnego bieguna*

Siedzimy wygodnie. Oczy zamknięte. W świadomości przywołujemy przedmiot, który chcemy przekształcić w biegun emocjonalny (w danym przypadku będzie to dacza).

Zwiększamy centralny strumień wschodzący i zaczynamy rozpatrywać, oglądać przedmiot, wywołując w swojej wyobraźni odczucia samego celu, procesu i sposobu jego osiągnięcia – wyobrażamy sobie na poziomie odczuć, jak będziemy się czuć, gdy zrealizujemy cel. W przestrzeni wirtualnej powstaje integralne jego odczucie. Oceniamy pozytywne odczucia, ich intensywność i nasycenie.

Zaczynamy zanurzać się w stan wzorcowy. W tym stanie kontynuujemy rozpatrywanie, oglądanie integralnego odczucia. Emocje powinny się nasilić. Jeśli tak się nie stało, zaczynamy modyfikować swoje widzenie celu tak długo, aż nastąpi nasilenie emocji.

Teraz oglądamy cel ze wszystkimi jego szczegółami. Bardzo szybko zauważymy, że w świadomości zostanie tylko jeden jego element, który jakby wchłonął całe emocjonalne zabarwienie. (Tym elementem może być np. zbieranie truskawek z własnych grządek – właśnie to wywołuje najpełniejszą gamę emocji związanych z takim obiektem, jak dacza; mogą to być także wyobrażenia o tym, że leżycie na szezlongu na własnej działce; a może najbardziej pełne odczucia wywołuje w Was sam fakt posiadania własnego domku). Wspaniale!

Oto wybraliście ten jedyny element, który organicznie wchodzi do Waszego zestawu wartości, nie przeszkadza im i może być pozytywny. Od razu nadmienię, że w praktyce, gdy będziecie tworzyć biegun z przedmiotu niezabarwionego społecznie, emocje początkowo będą słabe, praktycznie niezauważalne. Jednak zwiększenie pozytywnych odczuć w stanie wzorcowym może przy tym osiągać znaczną wielkość. Jeśli pozytywne emocje uległy zmniejszeniu lub, jeszcze gorzej, miał miejsce przypływ emocji negatywnych – oznacza to, że Wasz cel nie może być zastosowany jako materiał dla stworzenia emocjonalnego bieguna; wtedy będziecie sobie musieli poszukać czegoś innego. Oznacza to, że pragnienie nie jest prawdziwe!

Jeśli pozytywne odczucia rosną w wyniku oglądania obrazów Waszego marzenia – cel jest prawdziwy i zgodny z potrzebą Waszej głębokiej podświadomości.

Teraz w taki sam sposób musimy sprawdzić prawdziwość negatywnego bieguna. Oczywiście, nie powinien być obojętny pod względem emocjonalnym.

• ***System nawyków DEIR*** Stopień 5.

Krok 8b. *Sprawdzanie prawdziwości negatywnego bieguna*

Siadamy wygodnie. Zamykamy oczy. W świadomości wywołujemy przedmiot, który chcemy przekształcać w negatywny biegun emocjonalny.

Zwiększamy centralny strumień wschodzący i zaczynamy oglądać przedmiot według schematu: jak teraz odnosicie się do negatywnego przedmiotu, co dzieje się z nim teraz, co będzie się dziać, gdy pozostanie w Waszym życiu. W przestrzeni wirtualnej tworzy się integralne odczucie negatywnego czynnika. Oceniamy negatywne odczucia, ich intensywność i nasycenie.

Zaczynamy zanurzać się w stan wzorcowy. W nim kontynuujemy rozpatrywanie, oglądanie integralnego odczucia. Emocje powinny się nasilić. Jeśli tak się nie stało, zaczynamy modyfikować swoje widzenie celu tak długo, aż nastąpi nasilenie emocji.

Teraz oglądamy cel ze wszystkimi jego szczegółami. Bardzo szybko zauważymy, że w świadomości zostanie tylko jeden element tego celu, który jakby wchłonął całe emocjonalne zabarwienie. To, co powoduje najbardziej negatywne emocje podczas wspominania negatywnego czynnika. (Takim negatywnym faktem może być np. to, że latem jesteśmy zmuszeni mieszkać w mieście pełnym zaduchu, a nie w daczy; najbardziej negatywne emocje wywołuje fakt, że nasze dziecko będzie bawić się w piaskownicy na podwórku, zamiast kąpać się w rzece i swawolić na zielonej łące). Wspaniale!

Znaleźliśmy materiał dla bieguna. Oczywiście rozumiecie, że jeśli negatywne emocje w stanie wzorcowym nie ulegają zwiększeniu, należy szukać innego bieguna. Ich nasilenie oznacza, że biegun wpisuje się do Waszego już istniejącego układu wartości. Biegun został znaleziony!

Teraz przed nami następne zadanie – należy sprawdzić, czy wektor będzie, tak jak powinien, rozwijać się dalej, żeby ruch rozpoczęty w tym kierunku nie zatrzymywał się, otwierając więcej przestrzeni do działania.

Nie jest to takie ważne dla najzwyklejszej daczy jako dla celu zabarwionego społecznymi znacznościami; jednak gdy tworzymy coś nowego, co nie miało wcześniej analogii: nową gazetę, audycję, modę, klub, pracę naukową, związek zawodowy, firmę, produkt, metodę (nie mówiąc już o naprawdę nowych rzeczach, dla których nie ma jeszcze nazw – jak można byłoby nazwać teorię przyciągania ziemskiego czy kulturę rolną jeszcze zanim się pojawiły?) – możliwość rozwoju jest bardzo istotna.

Samorozwój znaczności

Rzeczywiście, faktem jest, że wektor emocjonalny powinien się rozwijać. W przeciwnym razie nie będzie z niego większych korzyści, a dodatkowo zostawi po sobie szczególnego rodzaju konstelację emocjonalnych znaczności prowadzących donikąd. Podam przykład. Stworzyliśmy emocjonalny wektor skierowany na budowę domku letniskowego – a on tylko odrobinę posunął się naprzód, a potem zastygł, zatrzymał się w rozwoju. W rezultacie kupiliśmy działkę – i nic. Nie mamy ani domu, ani kwiatka, ani ogrodu – nabyliśmy działkę, ale utknęliśmy w martwym punkcie i coś przeszkadza wydostać się z niego, ruszyć do przodu. W rezultacie dziecko, jak zwykle latem, przebywa w mieście, a podświadomość zupełnie nie w porę raczy Was obrazami zbioru plonów, relaksu na szezlongu, kąpieli w rzece... Nic to nie daje, oprócz rozdrażnienia z powodu niezakończonej sprawy i ciągłego niejasnego niepokoju.

Z czasem ten niepokój może minąć (gdy ostatecznie pogodzicie się z myślą, że daczy nie ma i nie będzie), jednak zarówno u Was, jak i u ludzi uczestniczących w pracy tego wektora, pojawi się pewien emocjonalny uszczerbek – niby były siły na zrobienie czegoś, ale, niewykorzystane, stęchły.

To niezbyt przyjemne odczucie – towarzyszy poczuciu rozczarowania.

Jeśli wektor będzie się rozwijał – to wszystko w porządku, nie zatrzymacie się w pół drogi, będziecie realizować wszystkie swoje cele i znaczności, co przyniesie radość Wam i innym ludziom. Jawą staną się marzenia o własnym klubie, o popołudniowym odpoczynku w cieniu jabłonki, a dziecko będzie wspaniale wypoczywać latem: opalać się, kąpiąc i objadając ogórkami z inspektu.

Powinniśmy zatem sprawdzić, czy nasz wektor może się rozwijać. Będzie to łatwe, trzeba tylko się upewnić, że emocjonalna suma pozytywnego bieguna i rezultatów jego osiągnięć jest większa niż emocjonalna znaczność samego bieguna.

- ***System nawyków DEIR*** Stopień 5.

Krok 9. *Sprawdzenie samorozwoju wektora emocjonalnego*

Siadamy wygodnie, zamykamy oczy. W świadomości wywołujemy przyszły biegun pozytywny. Rozpatrujemy, oglądamy go, zwiększając jednocześnie strumień wschodzący. Wkrótce pojawią się słabe (przecież bieguna jako takiego jeszcze nie stworzyliśmy) pozytywne emocje. Zapamiętajmy ich poziom.

Zanurzamy się w stan wzorcowy. Kontynuujemy sprawdzanie przyszłego bieguna pozytywnego, emocje zaczynają się zwiększać, by w końcu osiągnąć stały poziom. Teraz do oglądanego obrazu dodajemy kolejno rezultaty osiągnięć celu (zakup działki, zwiezienie materiałów budowlanych, przygotowanie gruntu pod budowę, wylanie fundamentów, zbudowanie ścian domu, dachu, wstawienie okien, zbiór pierwszych plonów, odpoczynek w fotelu). Rejestrujemy poziom emocji – powinny się nasilić.

Jeśli tak się nie dzieje, powtarzamy krok 8a, sprawdzając elementy celu i odszukując parę: „element celu – jeden z rezultatów osiągnięcia celu" („zakup działki – działka jest naszą własnością", „budowa domu – dom jest zbudowany") tak długo, dopóki nie odkryjemy pary prowadzącej do potężnego zwiększenia emocji. Wspaniale!

Z tą parą będziemy teraz dalej pracować. to właśnie ona może zapewnić nam dalszy emocjonalny rozwój,

Już wiemy, że jeśli nasza własna emocjonalna znaczność zwiększa się, to – zwielokrotniona – zostaje przesłana dalej. Dla kogoś z naszego otoczenia to nasilenie będzie oznaczać pozytywną stronę, dla kogoś innego – negatywną, jednak nikt przy tym nie pozostanie obojętny. Emocjonalna znaczność rośnie dla wszystkich. I to jest piękne! Ponieważ ruch od minusa do plusa przynosi zadowolenie – będzie ciągnąć się dalej i dalej.

Teraz możemy już mówić o stworzeniu emocjonalnego wektora – jednolitej całości łączącej bieguny i tworzącej pole emocjonalnych znaczności.

Za każdym horyzontem – radość

Zbliżamy się już do ostatniej części rozdziału poświęconego emocjom. Podsumujemy w nim już wyuczone techniki i nauczymy się tworzyć wektor emocjonalny, który pomoże wnosić w życie nowe cele, zadania, radości interesujące nas i innych ludzi.

Czego jeszcze nie rozpatrzyliśmy? Oczywiście, nie mówiliśmy o tym, jak łączyć bieguny znaczności emocjonalnych, aby pracowały razem, tworząc między sobą pole emocjonalnego napięcia.

Już tyle razem przeszliśmy, opanowanie tego wyda nam się zwykłą drobnostką. Cóż, moi szanowni Czytelnicy, naprzód!

Najpierw wyliczymy kroki niezbędne do stworzenia wektora.

Po pierwsze, należy dokładnie i wyraźnie sformułować, jak widzimy przestrzeń emocjonalną, którą tworzymy, i wyraźnie tę przestrzeń sobie wyobrazić. W tej sprawie nic nie będę radził, ponieważ jest to wyłącznie Wasza przestrzeń, będzie ona czymś całkowicie nowym dla naszego świata. Jeśli w charakterze negatywnego bieguna przyjmiecie nieprzyjemne sytuacje z życia, to sami musicie zdecydować, co dacie w charakterze pozytywnego bieguna... Przecież właściwie nie ma go jeszcze na świecie, będzie nowy – i tylko Wasz.

Zatem – uformowaliście już współrzędne przyszłej przestrzeni emocjonalnej.

Po drugie, należy sprawdzić prawdziwość wybranych biegunów.

Po trzecie, należy sprawdzić, czy będzie się rozwijał pozytywny biegun emocjonalny.

Po czwarte, należy stworzyć biegun negatywny.

Po piąte, należy poczekać kilka minut, aby negatywny biegun wpisał się w Wasz układ emocjonalny, tworząc punkt wyjściowy do wbudowania pozytywnego bieguna.

Po szóste, należy stworzyć pozytywny biegun, który będzie tym potężniejszy, im pełniej zintegrował się z Waszym układem znaczności biegun negatywny.

Po siódme, należy połączyć bieguny i wektor znaczności emocjonalnych.

• ***System nawyków DEIR*** Stopień 5.

Krok 10. *Formowanie wektora emocjonalnego*

Siadamy wygodnie. Zamykamy oczy. Zwiększamy centralny strumień wschodzący. Znajdujemy w środowisku zewnętrznym biegun negatywny. Ustanawiamy z nim łączność energetyczną (najlepiej przesunąć do jego obszaru punkt *ja jestem*). Nie przerywając kontaktu energetycznego z biegunem negatywnym, odnajdujemy biegun pozytywny...

Gdy to następuje, natychmiast zaczynamy odczuwać, jak między negatywnymi i pozytywnymi biegunami tworzy się potężny strumień energetyczny. Przerywamy kontakt!

Brawo! Możecie sprawdzić efekt swojej pracy, jeśli po kilku minutach, po przeniesieniu uwagi na coś innego, pomyśleniu o czymś innym, przypomnicie sobie dowolny fakt, przedmiot czy pojęcie oznaczone przez Was jako negatywny biegun.

Zostaniecie dosłownie odrzuceni przez emocjonalny strumień – i ze zdumieniem odkryjecie, że wystarczy tylko przypomnieć sobie negatywny fakt, by myśli same z siebie natychmiast kierowały się ku pozytywnemu biegunowi! Wspaniale! Po raz pierwszy stworzyliśmy w przestrzeni zewnętrznej wektor emocjonalny! Stworzyliśmy nową realność człowieka!

Na zjawiskach pozbawionych do tej pory kolorów stworzyliśmy przestrzeń, w której może rozwijać się nasz umysł. To nieprawdopodobne osiągnięcie. Może ono wnieść do tego świata wiele dobra i radości.

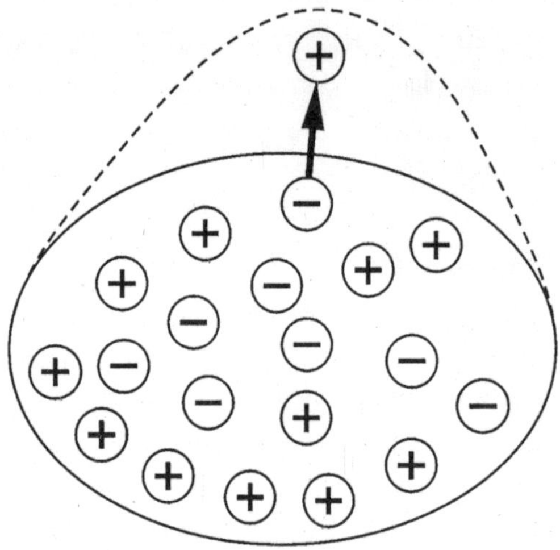

Rys. 23. Ludzkość – niczym cząstki w ruchach Browna – stopniowo przesuwa się w kierunku pozytywnych biegunów. Wektor emocjonalny zawieszony w kolektywnej bezświadomości tworzy potężny ukierunkowany ruch ku niezbadanym dotąd obszarom.

Co teraz?

Teraz powinniśmy pamiętać o tym, że możemy podtrzymywać istnienie tej przestrzeni. Możemy wykorzystać metody stymulacji emocjonalnej siebie samego na osiągnięcie celu, jak to opisano w kroku 5, możemy zwiększyć bieguny negatywny i pozytywny, przenosząc na nie i na związane z nimi okoliczności wszystkie nowe znaczności emocjonalne... Posiadamy uzupełniający zapas motywacji, aby aktywnie iść do przodu. Jednak szczegóły... to już kwestia osobistej fantazji i potrzeb każdego z nas.

Powiecie, że to nie takie proste? Jednak ta wiedza nie może wydawać się łatwa, ponieważ mówimy o stworzeniu nowej domeny emocjonalnej. Nowej – a to oznacza, że nie było jej przed aktem stworzenia! A wtedy – skąd wziąć wsparcie emocjonalne nawet podczas przyswajania sobie materiału? Przecież, jeśli gwiazdy się zapalają, to znaczy, że komuś to jest potrzebne...

Jednak Wy, moi Czytelnicy i Uczniowie, możecie bardzo wiele. Sił Wam wystarczy.

Spróbujcie zmienić swoje życie, dodać mu barw i sensu. Najpierw spróbujcie osiągnąć trochę – a stworzenie nowych horyzontów stanie się dla Was pasjonującym i ulubionym zajęciem. Po to warto żyć – przecież tworzymy nowy świat.

Wiemy zatem, jak stworzyć nową przestrzeń emocjonalną dla siebie i innych ludzi. Pomoże nam to osiągnąć coś nowego, co wcześniej nie istniało. Pozwoli wysłać i ukierunkować myśl mogącą oddziaływać na zdarzenia naszego świata. Przecież myśl taka jest najbardziej efektywna w nowo utworzonej przestrzeni znaczności!

Gratuluję Wam! To, czego się nauczyliście, to sztuka TWORZENIA. Liczba ludzi posiadających ten dar natury to z pewnością tylko jednostki na całej kuli ziemskiej. Jestem z Was dumny. Pierwsze zadanie stojące przed nami zostało wypełnione. Zostało jeszcze jedno.

Podsumujemy wszystko – i znów w drogę, naprzód!

Wektor emocjonalnej znaczności tworzy dla nas wsparcie pomagające w osiągnięciu tego, co nowe. Bez biegunów emocjonalnych ruch na nadsocjalnym poziomie byłby niemożliwy.

Wektor znaczności emocjonalnych istnieje także dla innych ludzi. Automatycznie tworzy emocjonalne zabarwienia, przekształcając pozytywny biegun w wartość socjalną. Tworzy nową przestrzeń po to, by ludzkość mogła iść naprzód.

Emocjonalne wsparcie myśli – to warunek ich aktywności. W nowej przestrzeni znaczeń siła myśli zwiększa się dziesiątki razy, ponieważ kroczymy wraz ze światem, nie pozostajemy w tyle.

Pozostało nam jeszcze opanowanie informacyjnych technik aktywnych myśli. O tym porozmawiamy w drugiej części książki.

SPIS TREŚCI

Dimitri Wereszczagin
Oddziaływanie. DEIR III

Po opanowaniu metod pierwszych dwóch stopni DEIR, zawartych w poprzednich książkach, postrzegacie o wiele więcej w porównaniu ze zwyczajnym człowiekiem. Można was porównać do człowieka ze zdrowymi oczami w kraju ślepców, chodzącego o własnych siłach w kraju inwalidów lub do wykształconej osoby, która trafiła do plemienia dzikusów. Owszem, tamci mogą być od was silniejsi. Lecz siła człowieka tkwi w umyśle, rozumowaniu i zdolnościach przewidywania wydarzeń, a nie w mięśniach. Umysł łatwo zwycięży prymitywną siłę – podobnie i wy, uzbrojeni w nowe możliwości, będziecie usuwać ze swojej drogi wszystkie przeszkody. Wasze cele są wyższe, ponieważ stanowią cele człowieka wolnego. Nie musicie być uzależnieni od głupich i śmiesznych przeszkód oraz bezsensownego zamieszania. Wystarczy nauczyć się najprostszych technik – i w przyszłości, całkowicie automatycznie, wszystko będzie się odbywało zgodnie z waszymi pragnieniami.

Dimitri Wereszczagin
Dojrzałość. DEIR IV

Autor książki, Dimitri Wereszczagin, proponuje Czytelnikom opanowanie unikalnych metod, które umożliwią zespolenie duszy człowieka z jego świadomością i ciałem eterycznym. Takie zjednoczenie pozwala odkryć w sobie źródło nieograniczonej siły, zdolności twórczych oraz otwiera dostęp do intuicyjnych danych.

Twórczość, intuicja i siła są tym, co określa dojrzałość człowieka i pomaga mu urządzić życie według swych pragnień. Człowiek dojrzały otrzymuje to, czego jest godzien, staje się niezależny od ciała fizycznego. Do Waszej dyspozycji zostały oddane potężne radykalne metody:

- uświadomienie duszy,
- uduchowienie świadomości,
- rozgałęzienie świadomości,
- połączenie się świadomości z centralnymi strumieniami,
- zjednoczenie duszy, świadomości i ciała eterycznego.

Dimitri Wereszczagin
DEIR 5. Pewność (etap I)

Nowa książka Dimitrija Wereszczagina zajmuje się jednym z ważniejszych problemów – w jaki sposób nie zagubić się w nurcie życia. Można próbować iść przebojem, na przekór trudnościom, ale po co niepotrzebnie się męczyć? Istnieje inny sposób. Gdy dostrzeżemy reguły, rządzące zdarzeniami codziennej rzeczywistości i zrozumiemy tendencje światowego potoku, nie będziemy już marnować czasu i sił, próbując uchronić się przed tym, co nieuniknione. Nie będziemy sztucznie tworzyć przeszkód na swojej drodze i zaczniemy pewnie kierować swoim losem.

Dimitri Wereszczagin
DEIR 5. Świadomość (etap II, część 2)

Książki stopnia V, część 2, pt. „Mądrość" i „Świadomość" pozwalają uczyć się tworzenia nowej emocjonalnej woli i wpływania na świat poprzez świadomość. W swojej treści zawierają instrumenty tworzenia świata.
Sensem życia jest tworzenie, pomnażające radość i dobro. Można się tego nauczyć, przyswajając poniższe zagadnienia: wykorzystanie emocjonalnej woli; techniki tworzenia emocjonalnych wektorów; metody odkrycia siły myśli człowieka; praktyki zmiany biegu wypadków; techniki życia twórcy; budowa energetycznej konfiguracji twórcy, praktyka poznawania drogi; stworze-nie psychicznego typu twórcy.